La verdad sospechosa

European Masterpieces
Cervantes & Co. Spanish Classics Nº 3

La verdad sospechosa

Juan Ruiz de Alarcón y Mendoza

Edited and with notes by
GLORIA JEANNE BODTORF CLARK

Cervantes & Co.

Cover painting: "La verdad sospechosa: Act I, scene iv," acrylic on canvas.
© by Michael Bolan, 2002. (www.michaelmade.com)

FIRST EDITION

Copyright © 2002 by European Masterpieces
270 Indian Road
Newark, Delaware 19711
(302) 453-8695
Fax: (302) 453-8601
www.JuandelaCuesta.com

MANUFACTURED IN THE UNITED STATES OF AMERICA

ISBN 1-58977-005-6

Table of Contents

This edition is dedicated with love to my mother,

MABEL D. BODTORF,

who showed me the importance of learning—
way back in our Altoona days...

Thank you.

Acknowledgments

Many thanks to everyone who helped me with the research for this edition of *La verdad sospechosa*. I would like to especially thank the following:

The School of Humanities, Penn State Capital College, Dr. Simon Bronner interim School Director

Diane Evans, Sue Etter, faculty secretaries

The Library staff at Penn State University

Penn State Student Research Assistants: Valerie Crown, Jessica Schally, Cord Merrell

The faculty and staff of the Cemanahuac Educational Community, Cuernavaca, Morelos

María Esther Carbullido, Susana Trejo, Martha Magaña, Harriet Guerrero and Charles Goff of Cuernavaca, Mexico, for their native speaker expertise

The staff of the library at the Instituto Guerrerense de la Cultura in Taxco, Mexico

The staff at the library of the Universidad de Cuernavaca in Cuernavaca, Mexico

Licenciada Elizabeth Romo Medrano, Directora General de la Asociación Cultural y Humanística de Morelos, División Educativa, Cuernavaca, Morelos

Staff of the Librería "La Rana Sabia," Cuernavaca, Mexico

Tom Lathrop, editor, *Juan de la Cuesta—Hispanic Monographs*

The Clarks: my husband, Rick, for encouragement, patience and proof-reading; Emily for always cheering me on; Maria and Isaac for shoulder rubs, glasses of ice water and playing quietly one more time

Dr. J. Elizabeth Clark for all the suggestions and meticulous proof-reading

Dr. Carlos A. Hernandez for the impetus

Mabel D. Bodtorf for listening

GBC
Penn State Capital College
August 6, 2002

Introduction to
La verdad sospechosa

IN THE SEVENTEENTH CENTURY , Juan Ruiz de Alarcón, author of *La verdad sospechosa* , made a memorable figure wherever he went. He was small in stature, with a red beard, a scar on his right hand, and a double hump, in the back and front of his torso. His appearance was so surprising that it caught the attention of many fellow writers who thought of satirical and cruel ways to describe him, including the following epigram in Spanish written by fellow dramatist, Lope de Vega, in which Lope invents a verb form of the word "hump" by combining *corcova* with *ir* and *venir*:

Tanta de corcova atrás	So much of a hump behind
y delante tienes,	and before you have,
Que saber es por demás	That it is in vain to know
De donde corcovienes	From where are you hump-acoming
A donde te corcovas?	To where are you hump-agoing?
(Ocampo 20)	

Alarcón, however, refused to make his physical appearance the defining feature of his life, dedicating himself, instead, to a law career and writing, achieving a real and lasting contribution to the literary world of all times. Although he wrote during the *Siglo de oro* (Golden Age), he was known as the most "modern" writer of his time for his fresh and new approach to Spanish drama.

La verdad sospechosa is the best example of his contribution to Spanish Golden Age drama. Alarcón gave the main characters, don García and his

11

father, don Beltrán, motivation and an individuality generally lacking or less developed in other plays of that time period. His writing is also noted for his attention to the beauty and style of his language.

Alarcón was born in Mexico, but lived many years in Spain. This dual citizenship allowed him to be famous as the first Mexican writer known outside his own country while at the same time being accepted as one of the elite group of writers who powered the *Siglo de oro* literary expression in Spain.

The *Siglo de Oro*

The Spanish *Siglo de oro* was marked by great production in the fields of art, music and literature. Although these artistic expressions certainly influenced and cross-fertilized each other, we will concentrate on the literary aspects of this great period in this introduction to *La verdad sospechosa*.

La verdad sospechosa comes to us from the *Siglo de oro* of Spanish literature, which lasted approximately from 1530 to 1680. The Golden Age saw great and varied literary production throughout the century, some texts with which you may already be familiar. For example, Miguel de Cervantes Saavedra (1547-1616) wrote his famous *El ingenioso don Quijote de la Mancha* in 1605 (Part I), and Lope de Vega, (1562-1635) the prince of Spanish theater, wrote more than 700 popular plays, including *Fuenteovejuna* and *Peribañez*. Tirso de Molina (1571-1648) presented his dashing Don Juan character in *El burlador de Sevilla*, the spirit of which has been used by many other authors through the centuries. Pedro Calderón de la Barca (1600-1681) contributed many plays to Spanish theater, one the most popular being *La vida es sueño*. María de Zayas y Sotomayor (1590-1661?) wrote a series of *novelas cortesanas*, short novels which detailed the intrigues of court life, which were very popular with Golden Age readers.

In other European countries during this same century, many authors, who are still famous today, were writing and publishing. For example, William Shakespeare (1564-1616) published and produced many plays in England, such as *Romeo and Juliet* and A *Midsummer Night's Dream*. In Germany, the picaresque story of *Simplicissimus* by H.J.C. von Grimmelshausen (1625-1676) followed the life of a young boy through many adventures. In France, Marie Madeleine Pioche de la Vergne (1634-1693), known as Madame de Lafayette, wrote *The Princesse de Clèves*, a fictional memoir of the life at the French court.

Spain, during the *Siglo de oro*, produced an unprecedented number of writers and thinkers who not only interpreted their own times, but wrote literature which speaks across generations to the present day. In order to understand the background of such distinctive and fertile artistic production during the *Siglo de oro*, it is important to understand some of the history of Spain as well as its relationship to the Americas.

Spaniards had seen Charles I (1516-1556) rise to power with his dual duties as the King of Spain and as the Holy Roman Emperor with the name of Charles V. These events, coupled with the "Conquest" of the New World which began in 1492 with Christopher Columbus (1451?-1506), increased the nationalistic fervor of the citizens. Spain acquired a more international outlook because of King Charles' wide responsibilities throughout Europe and because of its exploration and conquest of new territories. At the same time, the people of Spain developed a deep national pride which was reflected in all aspects of their society and culture.

The period of adventure and discovery of what was called the New World was fueled by Spanish ingenuity and might. Spain carried its ideas of civilization to areas which cover much of what we know as the western hemisphere: the United States, Mexico, Central and South America, as well as the islands of the Caribbean. Their influence was enormous as evidenced by the fact that today twenty-one countries of the world still speak Spanish.

During the *Siglo de oro*, Spain also enjoyed a great influx of gold and silver from the colonies. It is impossible to get a true picture of how much gold and silver was exported from the New World, but we do know that after the discovery of the great silver mine in Perú, San Luis de Potosí (1545), receipts totaled approximately two-thirds of all the gold and silver already in Europe (Worcester 136). However, the wealth that flowed in also flowed out. Felipe II (1556-98), the successor of Charles I, used some of this wealth to build the magnificent Escorial, a palace, monastery and school north of Madrid, finished in 1577. In addition, much of the money was used to pay off the national war debts to Germany and Italy; many times shipments of silver and gold would stay temporarily in Spain, and be shipped intact to pay on the staggering debt. Therefore, the average person in Spain did not benefit greatly from the gold and silver which flooded into the country. In fact, many of Spain's people lived on the edge of starvation, including families that had been wealthy landowners and could not continue to sustain their way of life. Taxation was at an all time high as King Felipe II, and then Felipe III (1598-1621), struggled to right a flagging economy.

The *Siglo de oro* was also a time of great interchange of products and arts between two continents, as the Spaniards carried their culture to the New World and brought back many marvelous discoveries. But it was not just an exchange of material goods. As the new colonies were established in South America, Central America, Mexico and the islands of the Caribbean, there was a constant need for leadership. Men traveled to the New World to serve the Crown in many different capacities. These men took their places at the pinnacle of society in the colonies. At the very top of the pyramid of societal structure were the men born in Spain (generally identified by the province in Spain that they came from, such as *extremeños* from Extremadura), second to them were men born in the colonies of Spanish parentage (called *criollos*). Women also traveled to the colonies in many capacities, such as nuns who taught in the schools, and wives who would run *haciendas* in a very different environment from their native Spain. However, Spain, with its ancient and venerable universities, remained the essential source of education and cultural experience for the children of wealthy landowners in the New World. It was customary for families in the colonies to send their young men back to Spain for an education, both in the scholarly and worldly sense. From the point of view of the Spaniards, the New World was regarded as exotic and rich in material resources, although at the same time wild and untamed. Hardy adventurers from Spain would travel to the New World in order to experience these new and curious places.

It is curious that a climate of discovery coupled with economic privation would produce some of the greatest writers in the history of Spanish Literature. Spaniards were, however, in the unique position of having the benefit of an influx of cultural knowledge and novel experiences from the New World. In addition, a number of writers, such as Juan Boscán (1492?-1542) and Garcilaso de la Vega, (1501-1536) had studied Italian and Flemish styles and forms of poetic expression, which pushed their artistic endeavors toward new possibilities.

During this time, Spain also completed the expulsion of the Moors from their land. The Moors had invaded Spain from the south, across the Strait of Gibraltar, in 711 A.D., and had conquered and held most of Spain for seven hundred years, with the seat of their empire centered in Granada. With the expulsion of the Moors, the Reconquest of Spain was complete. The Moors left behind many cultural influences, including architecture, gardening, arts, and a measurable effect on the Spanish language itself.

All of these historical events acted upon the psychology of the Spanish people, increasing their national pride, and giving them a freedom from tradition that their European neighbors did not have. This sense of freedom from the deeply ingrained traditions of Europe allowed more writers to break with the past and experiment with new forms. This experimentation changed the literature of Spain into an exciting and innovative art. Poets like Garcilaso de la Vega introduced a longer line for poetry, opening up more possibilities for expression. The Spanish mystics, like Santa Teresa de Jesús (1515-1582), pushed those possibilities even further, in their desire to write about their own personal spiritual journeys. Miguel Cervantes de Saavedra (1545-1616), who is best known for *El ingenioso hidalgo don Quijote de la Mancha* , produced a lasting text that was monumental in its effect on the development of the novel. In the world of the theater, Lope de Vega broke with the old classical forms to write plays of great interest to the Spanish people, which demonstrated national pride, respect for the Catholic church, and abounded with interesting characters and plots.

The Importance of Juan Ruiz de Alarcón

Into this heady Spanish milieu of conquest and victory entered a humble, solitary man from far away Mexico. Alarcón has been called by many the first "universal Mexican," because he was the first writer from Mexico to be recognized beyond the borders of his own country. He achieved that status even though he started out near the bottom of the social scale in Spain, both because he was a Mexican and because of his disfigurement, a double hump, in both the front and back. Nevertheless, he was able to make his way in an often hostile environment, writing plays that touched the Spanish culture with a new sensibility and understanding. As a colonial, he most likely enjoyed a certain amount of curious interest from his fellow students and professionals. At the same time, however, he was a colonial, and therefore not quite as pure or important as the Spaniards born in Spain, who eagerly grasped their inherited positions. Many of the positions in Spain were kept within families, or given to sons of prominent families. In addition, Alarcón was often turned down for positions because of his disfigured body, a common prejudice at the time. Yet it is notable that his plays overflow with such noble sentiments as loyalty, friendship, generosity, and willingness to forgive.

Alarcón's Life

The place of Alarcon's birth is in question today, which is a problem he may have caused when he applied for admission to the university. His family lived in a remote silver-mining town, called Taxco, in central Mexico, now located in the state of Guerrero. The residents of Taxco today, which has been renamed Taxco de Alarcón, eagerly embrace their relationship to the Golden Age writer. They will point out the location of the house where he was born and have erected statues of him in little squares and plazas throughout the town. Every year they celebrate *Las Jornadas Alarconianas* , or the Days of Alarcón, with daily representations of his plays and a street festival complete with sword fighting and period costumes. The week-long festival in May 2002 included theater, readings, academic lectures, puppetry, and art exhibitions as well.

There are a few documents which allude to the fact that Alarcón was indeed baptized in the church of Santa Veracruz in Taxco. However, there are also the records which he himself submitted for admission to the University of Mexico (Mexico City), which say that he was baptized in the great Cathedral of Mexico City. How could he have been baptized in two places? Some scholars point out that he may have given the university a record that had similar family names, which he found in the archives of the Cathedral of Mexico, in order to avoid the arduous journey of several days back to Taxco to get his own records for entrance into the university. The journey through the Sierra mountains of central Mexico would have been a physically daunting task. Even today, on modern highways, vehicles have to climb huge hills only to plunge downward on steep slopes which are punctuated by numerous serpentine curves. Taxco itself is built on the side of the mountain which contains an active silver mine. At the change of shifts, the siren echoes off rock bluffs that tower above. Imagine the same trip, either by foot or in a horsedrawn cart in the 1600s.

Regardless of the conflicting baptismal records, he was definitely born in Mexico in or around 1581, the son of don Pedro Ruiz de Alarcón and doña Leonor de Mendoza y Mendoza, both family names well known in Spanish history. Don Pedro and doña Leonor were married in the Cathedral of Mexico March 9, 1572, and settled in Taxco. Their son Juan was born into a world that had endured the conquest by Hernán Cortés only sixty years before, in 1521. He took his place as a *criollo*, the son of Spanish parents, but born in the colonies, and enjoyed the benefits of an education denied to many below him on the social scale. In 1596, he enrolled in the Universidad Real y Pontificia de Mexico, which is still located in Mexico City today, now one of the oldest universities in the Western Hemisphere. At the university, he studied Canonical law, finishing his requisite courses by April of 1600, but did not receive his bachelor's degree. Shortly thereafter he traveled by ship to Spain in order to continue and complete his studies at the prestigious University of Salamanca. Records show that he enrolled in the University in the fall of 1600, quickly completing the exams for his Bachelor's degree in Canon Law, and enrolling in the course of Civil Law. By 1602 he had completed his Bachelor's in Civil Law as well, and continued his studies for the Licentiate, equivalent to a Master's degree, which he concluded in 1605.

The system for receiving a degree was very different in the seventeenth century. Once a student finished the course work, there were a lot of financial obligations imposed in order to actually receive the degree. Although Alarcón was from a distinguished family, he was not wealthy and perhaps was not able to afford the fees, so did not fulfill the financial obligations after his course work in law was finished.

Alarcón put his university days behind him and moved to Sevilla, a city in southern Spain, known for its bustling port on the Guadalquivir River. It was common at the time for the various courts and offices to offer opportunities for young lawyers to practice, even without the formal licentiate degree. Alarcón took advantage of this opportunity and began doing legal work.

Alarcón's literary career seems to have emerged with a poetry competition held in San Juan de Alfarache, near Seville, on July 4, 1606. An anonymous letter about that day gives us a rare view of the author's personality. Antonio Castro Leal, in his biography of Alarcón, states that the contest was held on the riverside estate of don Diego de Colindres (XIII). Don Diego presided over the day, with Miguel de Cervantes serving as the secretary, and Alarcón as the treasurer. They had breakfast at the estate and during the afternoon enjoyed poetry readings, skits and jokes. Alarcón himself read a poem dedicated to a lady with sweaty hands, "*Consolando a una dama que le sudaban las manos*" In the afternoon, the women, described as *las damas de Sevilla*, arrived on barges to enjoy the presentation of a short play and a fanciful joust. Alarcón starred in the joust under an assumed name, that Fernández Guerra describes this way:

"Finally Juan Ruiz de Alarcón, by virtue of being a florid writer, because of being *flor y nata* (flower and cream)of the *pandos* or hunchbacked,because of his poor (figure) of a hunchback, and because of always being de *chunga* (in a jesting mood)and in good humor, and having been born in the Indies,

took for himself the resounding, strange and meaningful name of don
Floripando Talludo, the Prince of Chunga" (qtd. in Poesse 142).

He entered as if on a horse, which was made of heavy paper, and wearing a
colorful costume. His squire was dressed like a dog, and carried a sign saying
"Such is my good fortune!" Alarcón jousted so well with an aide of don Diego,
that they both won a pair of gloves, which Alarcón gallantly gave to one of the
women. We do not have a lot of personal descriptions of Alarcón, but we can
see from this one that he enjoyed a good time and was not afraid to make fun
of himself.

Alarcón spent a number of years in Seville working as a lawyer; for reasons
unknown to us, he decided to return to Mexico in 1607, asking the Real
Audiencia (Royal Council) in May for permission to return. He received
permission and made his plans to sail in the 1607 fleet bound for Mexico. He
did not leave, however, because a number of the ships in the fleet were
commandeered to fight Dutch pirates. The following year, however, he did
return to Mexico in the company of don Fray García Guerra, the new
Archbishop of Mexico. In 1609, Alarcón presented his records from Salamanca
to the University of Mexico, passed two exams and fulfilled all the requirements
for the *Licenciado* degree. He dedicated his thesis, which is still in the
collection of the National Library of Mexico today, to Archbishop García
Guerra, who also attended his first exam, as it was customary for students to
invite prominent people as an audience to hear their oral exams (Leal XV). A
few days later he applied for the degree of doctor, in Civil and Canonical Law,
which the university granted. As with his licentiate degree from the University
of Salamanca, Alarcón never fulfilled the financial obligations to officially
receive the degree. Over the next few years, he tried unsuccessfully for a
professorship at the university. We do not have a lot of information about his life
in Mexico, but there are some records of his law practice there. It is probable
that he continued to write during his time in Mexico, as he had begun several
plays while in Spain (Leal XVI). Just as Alarcón began to establish himself in
Mexico with a good position practicing law with the *Licenciado* degree, for
some reason he decided to return to Spain, leaving Mexico in 1613.

In Madrid, he continued to write and polish the plays he had worked on in
Mexico, and began to offer them to theater producers for a few *reales*, or coins.
As this was hardly enough to live on, we can assume that he also worked again
as a lawyer. There also is a record that he did some family business in Spain on

behalf of his older brother, Pedro. In 1617, there was a production of *Las paredes oyen*, which launched his career as a playwright. He became known in the literary circles of Madrid.

Being a part of the literary world of seventeenth century Spain had its advantages and disadvantages. At the same time his work was recognized by the public, he also became a target for the barbs and slings of his fellow writers, such as Tirso de Molina, Francisco de Quevedo, and the famous Lope de Vega himself. All three writers expressed their dislike for Alarcón's dramas. Lope de Vega mentioned Alarcón in a poetry *certamen*, or competition, as having written twenty-five plays, none of which had ever been heard of. Lope also spoke of Alarcón in the introduction to one of his plays as "froglike in stature and noise," as "*giboso*, or hunch-backed," among other descriptions, including one alluding to his breath (Leal XX). Lope de Vega went so far as to break a flask of foul smelling liquid in the theater where Alarcon's play *El Anticristo* was being shown. People had to flee the theater and some collapsed from the smell. The actors were afraid and the play was threatened with general disorder. Alfonso Reyes, in his introduction to the *Obras Completas* of Alarcón, describes the scene in the theater as chaotic, as some people were fleeing, the actor, Vallejo, who was supposed to fly across the stage in a harness in his part as the hero, became afraid and refused to fly. An actress, Luisa de Robles, grabbed his crown, robe, and took off in his place, doing her part to save the situation (11).

Although this was the most dramatic of the insults Alarcón had to endure, it was not the last, nor the worst. Francisco Quevedo, one of the most brilliant poets of the Golden Age, known for his satirical style, said that the "D" in Alarcón's name, D. Juan Ruiz de Alarcón, did not really stand for   *Don*, but rather the shape of the letter was actually half a self- portrait which depicted the lump on his chest. He also called him *hombre formado de paréntesis*, "a man made of parentheses"(Ocampo Flores 40). These are only a few of the cruel things said about him; the writers of the day were relentless in their criticisms. One would wonder why they felt so threatened by this immigrant from Mexico who had come into their midst. That they took the time to criticize indicates that they recognized a serious rival in him.

Alarcón did not write as many plays as Lope de Vega. He was a careful writer, however, who was not looking just to please contemporary audiences, but to produce polished works with carefully crafted verses. In 1628 he published his first volume of plays, which included eight *comedias*. In 1634 he published twelve more *comedias*. Besides these two volumes, there are four other plays which are attributed to him, bringing the total to 24. Several of them were produced on the stage, but he was never as well known in Spain as Lope de Vega and his plays were never produced in Mexico during his lifetime.

All during the time he was in Spain, Alarcón was a *pretendiente* (office hunter) for an office granted by the King. He made many petitions, usually pointing out his family's service to the crown, as well as his own university training. In 1626 he was finally appointed as the court reporter to the *Consejo Real de las Indias*, (Royal Council for the Indies), a position which made use of his training as a lawyer and provided a steady income, which allowed Alarcón to settle down in Madrid. This royal council, formed in 1524, shortly after the conquest of Mexico, oversaw the activity of the Spanish government in all of its colonies. Mark Burkholder in *Colonial Latin America* lists its far-reaching power over such areas as legislation, courts, finance, commerce, the military, and the church (73). Lawyers were appointed to work with the council members to research and prepare documents.

As Alarcón became more and more involved in his appointed position and lifestyle, there is less and less record of his literary career. After ten years of serving the *Consejo Real de las Indias*, sources say that he began to miss the meetings, causing the King to appoint a replacement in 1639, a man named don Antonio de Castro. A few months later, on August 1, 1639, Alarcón wrote his will. He died three days later, at the age of fifty-eight.

The *Comedia* Form

Alarcón's plays are called *comedias*. Although the word looks like the English word "comedy," actually a *comedia* could have a serious, comedic, or sometimes tragic story to tell. Two other types of plays were popular at this time, the entremés, usually a one act comedy, often performed in between two acts of a longer play, and the auto sacramental, a traditional play which generally had a religious theme that carried a strong moral lesson. The *comedia* was the most popular form.

The *comedias* generally consisted of three acts, or *jornadas*, written in poetic meter. Each act was called a *jornada* or "day's journey" because the action covered, more or less, the events of one day. Authors of the *comedias* explored many different subjects, such as difficulties in love, historical events, or moral lessons. Writers of the *comedias* often followed the lead of the Spanish playwright Lope de Vega, who was wildly popular during the *Siglo de oro*. He wrote more than 700 plays, and broke with the classical form of theater. Lope de Vega introduced such innovative techniques as extending the time of the action beyond the previous limits of one day, allowing fighting on the stage instead of in the wings, never solving the plot until the final act, and including comic relief in the form of a *gracioso* figure, who was often a servant. The *gracioso* commented on the actions of the principal figure through parody. Most importantly, the *comedias* of Lope de Vega were written for the audiences of the day, who looked for a simple and direct plot, with surprises, and a final resolution of the situation.

The *comedias* mostly offered stylized, or predictable character types. There was often an old man who guarded his daughter's or son's reputation, but who, at the same time, was readily deceived by their actions. The young man appeared as handsome, self-possessed, and honorable, but often with a fatal flaw. The young woman, on the other hand, was beautiful and virginal, but very able to look out for herself. Her attitude toward the young man could range from flirtation to absolute rejection. Servants filled in the cast, often providing a touch of humor, or furnished information to allow the audience to see the truth.

The genius of Juan Ruiz de Alarcón was that he took the stylized characters of the *comedia* form and made them live. He added touches and details that made them more than just types, more like the people in the audience itself. He only wrote about twenty-four plays during his lifetime, but those twenty-four displayed more development of character and psychological analysis than most of the other Golden Age plays. Alarcón was a keen observer of everyday life and wrote his dramas so that his audience could see themselves reflected in the actions of the characters.

A List of Alarcon's *Comedias*
During his lifetime, Alarcón published most of his works in two parts, Volume I in 1628 and Volume II in 1634. His complete works now have a Volume III, which includes four additional plays and some verse not written for the theater. The dates next to each play are approximate and based on information in the three volume set *Obras completas de Juan Ruiz de Alarcón* edited by Agustín Millares Carlo.

The contents of *Volume I*, published in 1628:
> *Los favores de este mundo* 1616-1618
> *La industria y la suerte* 1578

Las paredes oyen 1616-1617
El semejante a sí mismo 1611-1614
La cueva de Salamanca 1600-1608
Mudarse por mejorarse 1617-1618
Todo es ventura 1614-1617
El desdichado en fingir 1601-1607
Los empeños de un engaño 1621-1625

Volume II published in 1634 contained twelve plays:

El dueño de las estrellas 1620-1623
La amistad castigada 1619-1620
La manganilla de Melilla 1617-1623
Ganar amigos 1632 (under the title *Amor, pleito y desafío*)
La verdad sospechosa 1619-1620
El Anticristo 1623
El tejedor de Segovia no date
Los pechos privilegiados 1619-1621
La prueba de las promesas 1618
La crueldad por el honor 1621-1622
El examen de maridos 1625

The four plays that follow were not included in the publications above, but were published after Alarcón's death. They are now part of Volume III of his *Obras Completas*.

La culpa busca la pena y el agravio la venganza 1618-1624
No hay mal que por bien no venga 1623-1625
Quien mal anda en mal acaba 1617
Siempre ayuda la verdad no date

The Spanish Language of the Seventeenth Century

All languages are living entities that change and grow with time. *La verdad sospechosa* was written in the Spanish of the 1600s, which followed different rules of grammar and spelling from the ones we learn today. In this edition, some of the spelling has been altered from the original in order to make recognition easier, but the sound of the words has been retained, a word like *dexemos*, for example, has become *dejemos* in modern Spanish; *priessa* is now spelled *priesa*; and *vays* has become *vais*.

The use of the articles (*el, la, los, las, un, una, unos, unas*) with masculine and feminine nouns is sometimes surprising to modern readers. For instance, some words we would predict to be written with *la*, like *alfombra*, will have the article *el* instead, *el alfombra*. On the other hand, sometimes a word which today is written with *el*, like *el agua*, will rather appear with the article *la*, as *la agua*. Other words have changed their gender over the years; *colores* , for instance, appears as *las colores* in *La verdad sospechosa*. The indefinite article, *un*, will be found in front of some feminine words, like *un hora*.

Direct and indirect object pronouns may have different forms and places in the sentences. In Spain it is common to use *le* as a direct object pronoun instead of *lo*. It is also common to use *la* as an indirect object pronoun when referring to a woman. The position for the object pronouns was not as fixed then as it is today; they were often attached to a conjugated verb, or proceeded an infinitive instead of being attached to it. In this example, the pronoun is attached to the past participle, *Ya había dicholo así don García* However, when it was attached to an infinitive, the final "r" became an "l" yielding a form like *hablalle* for *hablarle*.

There are many archaic verb endings in this text. In the preterite, it is common to see *-astes* or *–istes* instead of the preterite *vosotros* form *–asteis* or *–isteis* , as in *tuvistes* , a preterite form of *tener* . There also was a future subjunctive at the time, never used today, which had endings that looked like those of the past subjunctive, but used an – *e*– after the first – *r*– instead of an *–a–: -áremos* , *–ieres*. It was used where the present subjunctive after *si and cuando* (and other conjunctions) is used today. For example: *Cuando vinieren, iremos a cenar*.

Alarcón also used more contractions in his writing than we use today, for instance, *dél* for *de él*, or forms like *della, dellos,* and *desta*.

Although these archaic forms give Spanish a very different look in this play, it is not so different from seeing old forms in Shakespearean English, like "mayst," "thither," or "hie." Once you become familiar with the forms, the language will not be an obstacle, but the vehicle for bringing a classic text to the twenty-first century.

Spanish Versification

La verdad sospechosa is a play written in verse form. Over half the play is written in a form called a *redondilla*, which consists of four-line stanzas which have a consonant rhyming pattern of ABBA, where lines one and four rhyme, and lines two and three rhyme. A consonant rhyme in Spanish means that the last accented vowel of a line and all other vowel sounds that come after are repeated in the last word of the next line to be rhymed. In this way, Alarcón's four- line *redondillas* end in patterns like this: (A) *inquieto*, (B) *inclinado*, (B) *casado*, (A) *efeto*, or (A) *mal*, (B) *sea*, (B) *fea*, (A) *natural*. These *redondillas* generally have eight-syllable lines. Walter Poesse, in his biography of Alarcón, says that *La verdad sospechosa* contains only 73 lines that do not have eight syllables (103). This is interesting because other *Siglo de oro* poets were experimenting with the eleven-syllable line, which allowed for a greater range of expression. The shorter lines in this play, however, give the conversation and descriptions a rapid pace, quickly leading the reader or the listener on to the next thought. This form emphasizes Alarcon's focus on characters, allowing the audience to fully understand them through dialogue.

Alarcón does use other poetic forms in the play, each one designed for a specific purpose. Don García tells his long tales in the traditional *romance* or ballad form. The women, especially Lucrecia and Jacinta, speak in five-line *quintillas* which rhyme in consonance with varying patterns, such as ABBAB. There are also ten-line *décimas* and three-line *tercetos*, which also rhyme in consonance. The *décimas* have a pattern of ABBA: AC: CDDC, while the *tercetos* follow a variable pattern which may be ABA, BCB,CDC, or DED. Alarcón uses *décimas* when don Juan de Sosa or don García declare their love for Lucrecia or Jacinta, and *tercetos* for important conversations such as those between Tristán and don García. All of these forms are artfully woven together to enhance the plot and characterization so important to Alarcón.

You will notice that some of the lines in the play are short and indented to the middle, or sometimes the end of the line. These short lines are continuations of the lines above, in order to complete an eight-syllable line. For example, these lines, from Act Three, scene Five, work together to make one complete line:

CAMINO.   *un papel?*
DON GARCÍA.   *Sí*
CAMINO.   *Pues aquélla*

In all, Alarcón's careful craftsmanship provides a text that can be enjoyed on many levels. Readers can concentrate the action or plot, learn from the moral example, laugh at the comedy and appreciate the poetry.

The Spanish Theater

Originally theatrical works in Spain were presented in a patio, plaza, or an open space at an inn. They were usually erected in the space where three buildings came together, leaving a U- shaped space for the theater. The poorer people stood in front of the stage, and the richer people sat on the balconies or in the windows of the buildings on the sides. The seats on the balconies, called *aposentos*, were rented to the theatergoers who entered them through the doors of the houses adjoining the theater. This type of early theater was called a *corral*. The people of the time were very poor, and the theater itself reflected that fact, relying on improvisation of place and action.

Later on, there were a number of theater buildings in cities. Usually these theaters were round or hexagonal in shape, roofless with a covered gallery and a raised stage. One of the most famous and grand theaters in Madrid was the **Corral del Príncipe** (1583-1744). The **Teatro Español** stands on the very same spot today, in the Plaza de Santa Ana in Madrid. Theatergoers enjoyed the premiere of a version of *La verdad sospechosa* in 1896 in that very theater.

Men and women did not generally sit together in the theater. Women entered from a separate entrance and sat in the *cazuela*, a section reserved for them. Men stood in the patio before the stage, and were called *mosqueteros*. *Mosquetero* means "groundling," a word also used in English theater, which described the people who watched the performance from the cheap standing room section. The people of noble lineage, however, sat together in boxes to view the plays.

The scenery was very limited and the playwright depended on the audience to use its imagination to fill in the details. Often the actors themselves would provide the scenery by giving a brief description before a scene; sometimes, a simple sign would set the scene.

An Overview of *La verdad sospechosa*

La verdad sospechosa tells the story of an engaging, dashing, imaginative and clever young man, don García, who unfortunately has one small problem; he is a liar. We first meet him when he returns home to Madrid from the great University of Salamanca in order to live with his father and seek an appointment at the royal court. In the very first act, his tutor confides to the father, don Beltrán, that don García, although he has many virtues, does have one flaw, that of lying to get what he wants. The play then follows don García as he reacquaints himself with Madrid, in the company of his new servant/confidant, Tristán. He falls in love with the first girl he sees on the street and misrepresents himself as a rich goldmine owner recently arrived from Peru. The plot follows the twists and turns of don García's supposed relationship with the woman he loves, Jacinta, whom he mistakenly calls doña Lucrecia. In the course of tale, he is alternately rich, married, single, a foreigner, the host of a marvelous picnic by the river, had both recently arrived in Madrid and also been there for a year. Don García's father decides that the best thing for his son would be to get married before the word got around about his bad habits. The plot gets more complicated as don García works against his father's wishes and mistakenly pursues the love of his life, "Lucrecia."

An Analysis of the Play

La verdad sospechosa can be read and appreciated on many different levels, ranging from the poetic form to the action and characters. Stepping back from the plot for a moment, the reader can appreciate the flow of the Spanish language, which is so uniquely suited to poetry. The best way to experience the poetry is to read it aloud, concentrating first on the sounds of the language at a vowel and consonant level, instead of the meaning of the words. Reading aloud illustrates the difference between the sound of poetry in Spanish and English. The length of the lines in English rhyming poetry depends on combinations of accented and unaccented syllables, but in Spanish the line length is determined by syllable count. The accented and unaccented syllables in English cause the poetry to have a fixed line rhythm that does not occur in Spanish.

In addition to the importance and beauty of the language, the setting offers a rich background for the action of the play. Alarcón gave us one view of Madrid in the 1600s in the setting of his plays. Although he is not a historian and it is easy to point to places where he has included events that are out of sequence or of another time period, nevertheless he painted a picture of the society and culture of Spain for us. For instance, he described the dress of the men, and their fascination with the huge linen collars which were the fashion of the day. He also presented some of the favorite activities of young people, such as going to the *Platería* section of Madrid to shop and to meet people, as well as having picnics along the river. The Catholic church, so important in the religious and political sense, appears a number of times as the characters hear the bells for prayer and go to church. We are aware of the different levels of society as we observe the interactions between don Beltrán, a nobleman, and his colleagues and servants. We can get an idea of the family structure as we hear don Beltrán's personal plans for his son's future. The importance of education for the men is stressed as well as their entrance into the life of the court.

Moral values of the day appear in both an explicit and implicit way. First of all, we can see how important courtesy and honor are to all of the characters. It is typical for *comedias* to be concerned with honor, because it was a driving force for Spanish society; honor had to be preserved at all times. We can see how serious problems were settled among men by a challenge to duel which preserved or restored their honor. The characters are consistently courteous to one another, son to father, men to women, friends to each other. We also are aware of the importance of the family in this play and witness the depth of forgiveness that a father can have for his son, even in the face of public embarrassment. Moral values constitute the theme of the play as Alarcón uses his main character, don García, to make a strong statement about the penalties for lying.

The main characters in *La verdad sospechosa* differ from the characters in other *comedias*, by the breadth of their development. While other authors presented more stylized and predictable character types, don García, for instance, shows us his personality from the beginning. Although he tells the most outrageous lies, he is still, at the same time, engaging and humorous. The reader can almost see the wheels turning as he spins a tale to better his situation.

The characters of the women, doña Jacinta and doña Lucrecia, are not drawn as finely as that of don García; many of their speeches are merely reactions to don García, or to don Juan, but they do present themselves as women with their own opinions. Alarcón uses this trait to write speeches for them which underscore the flaw of lying, the theme of the play. We observe the strong friendship and also the rivalry which motivates them in their relations with the men in the play.

Alarcón also expands on the typical *gracioso* figure in this play. Generally, this figure was a servant who commented on the events of the play, or gave extra information to the audience. In *La verdad sospechosa*, Tristán, don García's faithful servant, takes the role of the *gracioso*, but with a difference. Tristán not only comments on the events and gives information, but also critiques don

García's actions in an attempt to instruct and warn him. Don García also asks him for advice, which broadens Tristan's character from merely a servant to a confidant.

One of the important devices Alarcón used in writing this play was the inclusion of many mythological references. He was an educated man who had obviously read the Greek and Roman classics. He used references to Greek and Roman gods, or to the journeys of Aeneas, for example, to serve as illustrations to highlight certain points or scenes. In using mythology in this way, Alarcón was following the custom of the time; it was very common to refer to the classics as examples. It is interesting that the common theatergoers themselves must have been familiar enough with these references to understand the author's intent, because they were included in the popular   *comedia* style, which was enjoyed by a large and varied audience.

The plot of *La verdad sospechosa* moves swiftly to its moral conclusion. The author uses mistaken identity, notes passed back and forth, a challenge to a duel, and don García's intricate stories to complicate the action. The overall effect of these literary devices is a very enjoyable *comedia* that speaks in a clear voice to its readers and listeners across the centuries.

The Legacy of Juan Ruiz de Alarcón

Juan Ruiz de Alarcón earned a place as one of the distinguished writers of the *Siglo de oro* because of the uniqueness of his dramatic works. The *comedias* of his time were generally divided into four categories, *comedias* of *capa y espada* (love and honor), *comedias heróicas* (tragedies with a mythological or historical foundation), *comedias de santos* (religious themes), and *comedias de costumbres* (characters of a lower class, coarse language and themes). In all of these, the emphasis was on the storyline as acted out by standard character types. Alarcón, however, made his characters live by giving them motivation for their actions and memorable personalities, creating a new type of *comedia*, the "*comedia de caracteres*" (*Enciclopedia de México* 7058). This character development caught the attention of writers outside of Spain, and had a lasting impact on the development of the theater. For example, the French playwright, Pierre Corneille (1606-1684), based his play, *Le Menteur* (1643), on the character of don García. Alarcón's work also influenced another French writer, Jean Baptiste Poquelin (1622-73), known as Molière, as well as the Italian dramatist Carlo Goldoni (1707-93). Many writers have understood the importance of Alarcón's observations of human interactions as well as his ability to explore moral issues (*Enciclopedia de México* 7058).

Some Important Dates in the Life of Juan Ruiz de Alarcón

1580 (?) Born in Mexico, Pedro Ruiz de Alarcón, father; doña María de Valencia, mother

1596 Entered the University of Mexico, Mexico City

1600 (April 15) Finished his studies in Canonical Law at the *Universidad Real y Pontificia de la Ciudad de México*) University of Mexico. Left for Spain with the Juan Gutiérrez Garibay, arriving in August. Immediately entered the University of Salamanca, received *bachillerato* in Canon Law.

1602 Graduated from the University of Salamanca with *bachillerato* in Civil Law

1605 Completed all requirements for the *licenciado* in Civil and Canon Law.

1606-1608 Practiced law in Seville under the protection of his relative, Gaspar Ruíz de Montoya. In 1606 participated in a poetry competition near Seville.

1607 Petitioned to return home, but the ships were needed to fight Dutch pirates, so his trip was postponed.

1608 Returned to Mexico in the flotilla of Lope Díez de Aux y Armendáriz

1609 Received his *licenciado* in Canon and Civil Law from the University of Mexico, presented his work for a doctorate which was accepted, but never awarded. Tried unsuccessfully for two faculty positions at the university.

1610-1614 Practiced law in Mexico, tried unsuccessfully for two other positions at the university.

1614 Returned to Madrid.

1617 Premiered *Las paredes oyen*

1618 Premiered *Los favores del mundo*

1624 Premiered *La verdad sospechosa*

1626 Named interim reporter to the Real Consejo de las Indias

1628 Published the first part of his *comedias*, dedicated to the Duke Medina de las Torres

1633 Named the permanent reporter to the Real Consejo de las Indias

1634 Published the second part of his *comedias*

1639 (August 1), wrote his will before the notary Lucas del Pozo

1639 (August 4) died in Madrid, buried at the church of San Sebastián

Selected Bibliography and Works Cited

Brenan, Gerald. *The Literature of the Spanish people from Roman Times to the Present.* New York: The World Publishing Company, 1963.

Burkholder, Mark A., and Lyman L. Johnson.*Colonial Latin America,*2nd edition. New York: Oxford University Press, 1994.

*Enciclopedia de México*Vol XII. Naucalpan, México: Grupo Editorial Mexicano, 1988.

Ruiz de Alarcón y Mendoza, Juan.*Obras completas.* Ed. Agustín Millares Carlo. 3 vols. México: Fondo de cultura económica, 1996.

———. *La verdad sospechosa.* Ed. Arthur L. Owen. Boston: D.C. Heath & Co., 1928.

———. *La verdad sospechosa.* Ed. José Montero Reguera. Madrid: Editorial Castalia, 1999.

———. *La verdad sospechosa.* Spain, 1634. Duke University 23 October 2000 <http:// aaswebsv.aas.duke.edu/cgi-bin/ce> .

Kattán-Ibarra, Juan. *Perspectivas culturales de España.* Illinois: National Textbook Company, 1993.

Leal, Antonio Castro. *Juan Ruiz de Alarcón, su vida y su obra.* México: Ediciones Cuadernos Americanos, 1943.

Mujica, Bárbara. *Texto y vida: Introducción a la literatura española.* Fort Worth: Harcourt Brace College Publishers, 1990.

Ocampo Flores, Domingo, ed. *Juan Ruiz de Alarcón: vida y obra.* México: Talleres gráficos de la Imprenta Candy, 2002.

Poesse, Walter. *Juan Ruiz de Alarcón.* New York: Twayne Publishers, 1972.

Worcester, Donald and Wendell Schaeffer.*The Growth and Culture of Latin America.* N.Y.: Oxford University Press, 1956.

Classroom Guide

Pre-reading activities:
Some suggested exercises to be used before reading the play.

1. Using current maps of Spain and Mexico, locate the following places:
   Spain - Salamanca, Madrid, Sevilla (Seville)
   Mexico-Mexico City, Taxco
2. Watch a video on Spain to get a sense of the geography of Madrid and Seville.
3. Brainstorm a list of goods and services that were exchanged between Spain and the New World.
4. Research the significance of the *Siglo de oro* in Spain.
5. Find out information on the family system in seventeenth century, particularly the importance of the word *mayorazgo*.
6. Prepare a written paragraph identifying the *comedia* form.
7. Scan the first page of the play to identify the characters and the setting.
8. Discuss the possible meaning of the title, *La verdad sospechosa* and record responses .
9. Search the internet for information on Juan Ruíz de Alarcón such as:
   http://redescolar.ilce.edu.mx (Search Alarcón)
   http://www.tourbymexico.com/guerrero/taxco/taxco.htm
   http://www.newadvent.org/cathen/13223b.htm
10. Have you ever been in a situation where you got in trouble for not telling the truth? What happened? Take a class poll to find out other experiences.

Post–reading discussion:
Some themes for class discussion after reading the play.

1. Consider the meaning of the title of the play, comparing your thoughts to the ideas presented before reading the play.
2. Reading about a different culture allows us to observe different values. Make a list of values that you think were important in the culture of 17th century Spain.
3. Define "book smart" and "street smart." Use the characters of don García and Tristán to illustrate your definitions.

31

4. Construct a schematic diagram, or flow chart that shows the main action in Acts I, II, and III.
5. Discuss the roles of the women in the play.
6. Don García was a liar, but most everyone in the play believed him. Why did they?
7. This play may have been based on an old Spanish proverb, "En boca mentirosa, the verdad siempre es dudosa." Can you think of similar proverbs or fables in other cultures?
8. Review Tristán's role in the play, do you think he tried to help or change don García?
9. In many ways don Beltrán was a traditional Spanish father, how would you describe his parental philosophy?
10. Alarcón was writing for Spanish audiences which included everyone from noble families to the common person. What do think each would have thought when they left the theater after seeing this play?

Extending your learning: Suggested projects for extending the experience of reading *La verdad sospechosa*.

1. Hold a class dinner to act out the picnic scene
2. Act out the bedroom scene
3. Research the dress of the day and present sketches or pictures to the class
4. Build a model of a corral type theater
5. Put together all the mythological references into a handbook
6. Write a character sketch of don Beltrán
7. Read up on seventeenth century duelling
8. Write your own redondilla
9. Re-write a short scene as a conversation in Spanish instead of poetry. Does it change the effect?
10. Find out more about the *Siglo de oro*
11. Plan a class choral reading of a section of the play
12. Draw a plan for the stage setting of *La verdad sospechosa*
13. Record an interview, in Spanish, of one of the characters
14. Be a critic! Write a review of *La verdad sospechosa* for a Madrid newspaper
15. Write a mini-play with don García and his friends as members of your own group of friends.

La verdad sospechosa

Acto primero
[Escena primera]
[Sala en casa de DON BELTRÁN]
(Salen por una puerta DON GARCÍA *de estudiante,*
5   *y un* LETRADO *viejo, de camino;[1]*
y, por otra, DON BELTRÁN *y* TRISTÁN.*)*

DON BELTRÁN.   Con bien vengas, hijo mío.

DON GARCÍA.   Dame la mano, señor.

DON BELTRÁN. ¿Cómo vienes?

10 DON GARCÍA.   El calor

           del ardiente° y seco estío°   burning, summer
             me ha afligido° de tal suerte,   afflicted
           que no pudiera llevallo,[2]
           señor, a no mitigallo°   relieve it
15   con la esperanza de verte.

DON BELTRÁN.   Entra, pues, a descansar;
           Dios te guarde.° ¡Qué hombre vienes![3]   save
           ¿Tristán?. . .

TRISTÁN.   ¿Señor?…

20 DON BELTRÁN.   Dueño° tienes   master
           nuevo ya de quien cuidar,
              sirve desde hoy a García;
           que tú eres diestro° en la Corte   clever
           y él bisoño.°   inexperienced

---

[1] **de estudiante, de camino…** The former, Don García, is dressed as a student, in a robe and short cape; the latter, el Letrado, is dressed in traveling clothes.
[2] **no pudiera…** *I was not able to bear it*
[3] **¡Qué hombre…** *What a man you've become.* Don García has been away, studying at the University of Salamanca.

TRISTÁN.	En lo que importe,	
	yo le serviré de guía.	
DON BELTRÁN.	No es criado el que te doy;	
	mas⁴ consejero° y amigo.	adviser

5 DON GARCÍA.   Tendrá ese lugar conmigo. *(Vase.)*

TRISTÁN.   Vuestro⁵ humilde esclavo° soy. *(Vase.)*   slave

[Escena II]
[DON BELTRÁN, EL LETRADO]

DON BELTRÁN.   Déme, señor Licenciado,⁶
10   los brazos.

LETRADO.   Los pies os pido.⁷

DON BELTRÁN. 'Alce ya:° ¿cómo ha venido?   get up now

LETRADO.   Bueno, contento, honrado
                de mi señor Don García,
15   a quien tanto amor cobré,°   received
                que no sé cómo podré
                vivir sin su compañía.

DON BELTRÁN.   Dios le guarde; que, en efeto,
                siempre el señor Licenciado
20   claros indicios° ha dado   indications
                de⁸ agradecido° y discreto.°   appreciative, discreet
                Tan precisa obligación
                me huelgo° que haya cumplido°   happy, fulfilled

---

⁴**mas...** here the conjunction, *but.*
⁵**vuestro...** *your.* This pronoun was reserved for formal address, much like **usted** is used today.
⁶ **Licenciado** *university graduate.*
⁷ This interchange between Don Beltrán and the Letrado is a typical greeting of the day. Don Beltrán says, *Give me your arms,* meaning, that I might embrace you and the Letrado replies *I ask for your feet,* meaning, so that I may kiss them. These words, however, were formulaic, and would not have really been carried out.
⁸ Insert **ser** here, as Don Beltrán compliments the tutor's appreciation and discretion.

García, y que haya acudido°   come to
a lo que es tanta razón.[9]
    Porque le 'aseguro yo°   I assure
que es tal mi agradecimiento,°   gratitude
5   que como un corregimiento,[10]
mi intercesión le alcanzó,°   reached
    (según mi amor desigual°),   inadequate
de la misma suerte hiciera
darle también, si pudiera,
10 plaza en Consejo Real.[11]

LETRADO.   De vuestro valor lo fío.°   trust

DON BELTRÁN. Sí, bien lo puede creer.
Mas yo me doy a entender
que, si con el favor mío
15   en ese escalón primero[12]
se ha podido poner, ya
sin mi ayuda subirá
con su virtud al postrero.°   latter

LETRADO.   En cualquier tiempo y lugar
20 he de ser vuestro criado.

DON BELTRÁN. Ya, pues, señor Licenciado,
que el timón° ha de dejar[13]   helm
    de la nave de García,
y yo he de encargarme° dél,   to take charge
25 que hiciese por mí y por él
sola una cosa querría.

---

[9] **tanta razón** *so much reason.* Don Beltrán expresses his pleasure at the way his son has progressed under the Letrado's tutelage.

[10] **corregimiento** office or district of a magistrate

[11] **Consejo Real...** *Royal Council.* During the seventeeth century, the Spanish government was organized around a system of **consejos** which made judgments about issues brought before them. The nobility formed the majority representation on the councils.

[12] **Escalón primero** *first step.* The first step toward the **consejo** for the Letrado would be the Office of the Magistrate.

[13] **ha de dejar,** a use of **haber de** + infinitive, *to have to or must.* The tutor must now turn DON GARCÍA over to his father's care, or in nautical terms, *give up the helm of the ship García.*

LETRADO.	Ya, señor, alegre espero	
	lo que me queréis mandar.°	command

DON BELTRÁN. La palabra me ha de dar
de que lo ha de hacer, primero.

5   LETRADO.   Por Dios juro° de cumplir,°   swear, performed
señor, vuestra voluntad.

DON BELTRÁN. Que me diga una verdad,
le quiero sólo pedir.
        Ya sabe que fue mi intento
10   que el camino que seguía
de las letras,[14] Don García,
fuese su acrecentamiento;°   growth
que, para un hijo segundo,[15]
como él era, es cosa cierta
15   que es ésa° la mejor puerta[16]   that (one)
para las honras° del mundo.   virtues
        Pues como Dios se sirvió
de llevarse° a don Gabriel,   take away
mi hijo mayor,° 'con que en él°   older, with whom
20   mi mayorazgo° quedó,°   inheritance, remain-
        determiné que, dejada°   ed; left
esa profesión, viniese°   he might come
a Madrid, donde estuviese,°   he might remain
como es cosa acostumbrada
25   entre ilustres caballeros
en España, porque es bien
que las nobles casas den
a su rey sus herederos.[17]
        Pues como es ya Don García
30   hombre que no ha de tener

---

[14] las letras... *learning*. According to the tradition of the time, the first son usually went into the military, while younger sons pursued education at a university.

[15] hijo segundo... Don García is the second son, therefore, he is not the recipient of the full benefits of inheritance.

[16] la mejor puerta... *the best door*. Don Beltrán is saying that education afforded the best opportunities for his son.

[17] den a su rey... *give their heirs to their king*. It was a custom for noble families to send their sons to offer their services to the king.

maestro, y ha de correr[18]
su gobierno° a cuenta mía,°   affairs, at my expense
   y mi paternal amor
con justa razón desea

5 que, 'ya que° el mejor no sea,   since
no le noten por peor,°   **el peor**
   quiero, señor Licenciado,
que me diga claramente,
sin lisonja,° lo que siente   flattery

10 (supuesto que° le ha criado),   since
   de su modo y condición,
de su trato y ejercicio,
y a qué género° de vicio°   type, vice
muestra más inclinación.

15   Si tiene alguna costumbre
que yo 'cuide de° enmendar,°   may look after, re-
no piense que me ha de dar   form
con decirlo pesadumbre:°   grief
   que él tenga vicio es forzoso;°   necessary

20 que 'me pese,° claro está;   grieves me
mas saberlo me será
útil, cuando no gustoso.°   pleasant
   Antes, en nada, a fe mía,
hacerme puede mayor

25 placer, o mostrar mejor
lo bien que quiere a García,
   que en darme este desengaño,°   disappointment
cuando provechoso° es,   useful
si° he de saberlo después   since

30 que haya sucedido un daño.°   injury

LETRADO.   Tan estrecha° prevención,   strict
señor, no era menester,°   necessary
para reducirme a hacer
lo que tengo obligación.

35   Pues es caso averiguado°   certain
que, cuando entrega° al señor   delivers
un caballo el picador,°   horse trainer
que lo ha impuesto° y enseñado,°   instructed, taught
   si no le informa del modo

---

[18] **ha de correr** Add the word **como** in front of the word **ha** in order to read, *as he must run.*

y los resabios° que tiene,   bad habits
un mal suceso° previene°   incident, prevents
al caballo, y dueño, y todo.
    Deciros verdad es bien,
5   que, demás del juramento,°   oath
daros una purga° intento,°   purge, I intend
que os sepa mal, y haga bien.[19]
    De mi señor Don García
todas las acciones tienen
10   cierto acento, en que convienen°   suit
con su alta genealogía.
    Es magnánimo y valiente,
es sagaz° y es ingenioso,°   shrewd, clever
es liberal y piadoso,°   merciful
15   si repentino,° impaciente.   unexpected
    No trato de las pasiones
propias de la mocedad,°   youth
porque en ésas con la edad
se mudan° las condiciones.   change
20   Mas una falta no más
es la que le he conocido,
que por más que 'le he reñido,°   I have scolded him
no 'se ha enmendado° jamás.°   corrected himself,
                                         never

DON BELTRÁN.   ¿Cosa que a su calidad
25   será dañosa° en Madrid?   harmful

LETRADO.   Puede ser.

DON BELTRÁN.   ¿Cuál es? decid.

LETRADO.   No decir siempre verdad.

DON BELTRÁN.   ¡Jesús, qué cosa tan fea
30   en hombre de obligación![20]

LETRADO.   Yo pienso que, o condición,
o mala costumbre sea,°   it be

---

[19]**que os sepa...** *may be bad for you and do you good.*
[20]**hombre de...** *man of obligation.* Don Beltrán is referring to *noblesse oblige*, the
expectation that people of high social rank or position will behave with kindness
and concern toward others.

con la mucha autoridad
que con él tenéis, señor,
junto con que ya es mayor
su cordura° con la edad,   good sense
5   ese vicio perderá.

DON BELTRÁN.   Si la vara° no ha podido,   branch
en tiempo que tierna° ha sido,   tender
enderezarse,° ¿qué hará   straighten up
siendo ya tronco° robusto?   trunk

10   LETRADO.   En Salamanca,[21] señor,
son mozos,° gastan humor,   boys
sigue 'cada cual° su gusto;   each one
hacen donaire° del vicio,   witticism
gala° de la travesura,°   display, mischief
15   grandeza de la locura,°   madness
hace al fin la edad su oficio.[22]

Mas, en la Corte, mejor
su enmienda° esperar podemos,   correction
donde tan validas° vemos   worthwhile
20   las escuelas del honor.[23]

DON BELTRÁN.   Casi me mueve° a reír,°   moves me, laugh
ver cuán° ignorante está   how
de la Corte; ¿luego acá°   here
no hay quien le enseñe a mentir?°   to lie
25   En la Corte, aunque haya sido
un extremo° Don García,   a prodigy
hay quien le dé cada día
mil mentiras de partido.[24]
Y si aquí miente el que está
30   en un puesto levantado,°   elevated

---

[21] **Salamanca...** refers to student life at the great university founded in 1218. It has had many distinguished graduates during its nearly 800 years of history, such as Christopher Colombus, San Juan de la Cruz, Hernán Cortés, and Miguel de Unamuno.

[22] **hace el fin...** *finally it is the age that determines the occupation.* The Letrado is saying that it is the privilege of young people to be reckless.

[23] **las escuelas...** *the schools of honor.* The court will serve as a school of honor, which will correct Don García's faults.

[24] **hay quien le dé cada día...** there is someone who could give him a handicap of a thousand lies every day and still beat him at the game.

en cosa en que al engañado°   deceived
la hacienda, u²⁵ honor le va,
    ¿no es mayor inconveniente°   obstacle
quien por espejo° está puesto   mirror
al reino?²⁶ Dejemos esto,
que me voy a maldiciente.°   curse
    Como el toro a quien tiró
la vara° una diestra° mano   prod, skilled
arremete° al más cercano   attacks
sin mirar a quien 'le hirió,°   wounded
    así yo, con el dolor
que esta nueva me ha causado,
en quien primero he encontrado
ejecuté° mi furor.   acted out
    Créame, que si García
mi hacienda de 'amores ciego°   blind love affairs
disipara,° o en el juego°   misspent, gambling
consumiera noche y día,
    si fuera° de 'ánimo inquieto°   restless spirit
y a pendencias° inclinado,   fighting
si 'mal se hubiera casado,°   had married badly
si 'se muriera,° en efeto,   were to die
    no lo llevara° tan mal   might not take it
como que su falta sea
mentir. ¡Qué cosa tan fea!
¡Qué opuesta a mi natural!°   nature
    Ahora bien,° lo que he de hacer   well then
es casarle brevemente,°   shortly
antes que este inconveniente
conocido venga a ser.²⁷
    Yo quedo muy satisfecho
de su buen celo° y cuidado,   devotion
y me confieso obligado
del bien que en esto me ha hecho.
    ¿Cuándo ha de partir?°   leave

LETRADO.   Querría

---

²⁵ **u honor…** or honor. The word **o** changes to **u** before words that begin with the letter "o" or the "o" sound.

²⁶ **¿no es mayor inconveniente…** *isn't lying a greater difficulty in a person who serves as a mirror to the kingdom?*

²⁷ **conocido venga…** *comes to be known.*

	luego.°	immediately
DON BELTRÁN.	¿No descansará°	rest
	algún tiempo y gozará°	enjoy
	de la Corte?	
5 LETRADO.	Dicha° mía	luck
	fuera quedarme con vos;	
	pero mi oficio me espera.	
DON BELTRÁN.	Ya entiendo; volar° quisiera,	fly
	porque va a mandar.²⁸ Adios. *(Vase.)*	
10 LETRADO.	Guárdeos Dios.²⁹ Dolor extraño°	singular
	le dio al buen viejo la nueva.°	news
	Al fin, el más sabio lleva	
	agramente° un desengaño.° *(Vase.)*	bitterly, disillusionment

15

[Escena III]
[Las Platerías]
(*Salen* DON GARCÍA, *de galán, y* TRISTÁN.)

DON GARCÍA.	¿Díceme° bien este traje?	suits me
TRISTÁN.	Divinamente, señor.	
20	¡'Bien hubiese° el inventor	blessed
	deste holandesco follaje!³⁰	
	Con un cuello° apanalado°	collar, honey-
	¿qué fealdad° no se enmendó?°	combed; ugliness,
	Yo sé una dama³¹ a quien dio	made better
25	cierto amigo gran cuidado	
	mientras con cuello le vía³²	
	y una vez que 'llegó a° verle	came to
	sin él,° la obligó a perderle	it (the collar)
	cuanta afición le tenía,	

---

²⁸ **volar quisiera, porque…** *you want to get going, because you are eager to move up* [in your new job].

²⁹ **Guárdeos Dios** *God bless you.*

³⁰ **holandesco…** a collar made of Dutch linen which was very popular at the time.

³¹ **Yo sé [de] una dama** *I know of a woman.*

³² **vía = veía** *she saw.*

porque ciertos costurones°
en la garganta° cetrina°
publicaban la ruina
de pasados lamparones.[33]
    Las narices le crecieron,°
mostró un gran 'palmo de oreja,°
y las quijadas,° de vieja,°
en 'lo enjuto,° parecieron.
    Al fin, el galán quedó
tan otro del que solía,
que no le conocería
la madre que 'le parió.°

wrinkles
throat, lemon-color-ed

grew
fist of an ear
jaws, old woman
dried up

gave birth to him

Don García.   Por esa y otras razones
'me holgara° de que saliera°
premática[34] que impidiera
esos vanos° cangilones;°
    que demás de esos engaños,
con su holanda° el extranjero°
saca de España el dinero
para nuestros propios daños.[35]
    Una valoncilla angosta[36]
usándose, le estuviera°
bien al rostro,° y 'se anduviera°
más a gusto a menos costa.
    Y no que, con tal cuidado
sirve un galán a su cuello,
que, por no descomponello,°
se obliga a andar empalado.°

I'd be pleased, came
out
vain, frilled collars

Dutch linen, foreign-er

might be
face, might move
around

mess it up
impaled

Tristán.   Yo sé quien[37] tuvo ocasión
de gozar su amada bella,
y no osó° llegarse°a ella
por no ajar° un cangilón.
    Y esto me tiene confuso:

didn't dare, to ap-proach; to rumple

---

[33] **lamparones** *tumor of the lymph glands of the neck.*
[34] **premática** A regulation from the King that prohibited the excessive use of something, here the fashionable large collars.
[35] **el dinero para…** all the money paid to foreigners for the popular Dutch linen would result in an economic loss for Spain.
[36] **Una valoncilla…** *a narow little collar.*
[37] **Yo sé quien** *I know of someone who.*

todos dicen que se holgaran,
de que valonas° se usaran, broad collars
y nadie comienza el uso.

DON GARCÍA.　　　　De gobernar 'nos dejemos° gave up
el mundo. ¿Qué hay de mujeres?

TRISTÁN.　　　　El mundo dejas, ¿y quieres
que la carne° gobernemos? the flesh
　　　¿Es más fácil?

DON GARCÍA.　　　　　　　　Más gustoso.

TRISTÁN.　　　　¿Eres tierno?° inexperienced

DON GARCÍA.　　　　　　　　Mozo soy.

TRISTÁN.　　　　Pues en lugar entras hoy,
donde amor no vive ocioso.° idle
　　　Resplandecen° damas bellas shine
en el cortesano° suelo,° of the court, surface
de la suerte que en el cielo
brillan lucientes° estrellas. brilliant
　　　En el vicio y la virtud
y el estado hay diferencia,
como es varia° su influencia, varied
resplandor° y magnitud. splendor
　　　Las señoras no es mi intento
que en este número estén,° might be
que son ángeles, a quien
no se atreve° el pensamiento. dare
　　　Sólo te diré de aquellas,
que son, con almas° livianas,° souls, fickle
siendo divinas, humanas;
corruptibles, siendo estrellas.
　　　Bellas casadas verás,
conversables° y discretas, sociable
que las llamo yo planetas,
porque resplandecen más.
　　　Éstas con la conjunción° combination
de maridos° placenteros,° husbands, pleasant
influyen° en extranjeros inspire

dadivosa condición.[38]

    Otras hay, cuyos maridos
a comisiones se van,
o que en las Indias están,
o en Italia entretenidos.°   entertained
    No todas dicen verdad
en esto, que mil taimadas°   sly ones
suelen° fingirse° casadas,   accustomed, fancy
por vivir con libertad.   themselves
    Verás de cautas pasantes[39]
hermosas recientes hijas,
éstas son estrellas fijas,
y sus madres son errantes.[40]
    Hay una gran multitud
de señoras del tusón[41],
que, entre cortesanas, son
de la mayor magnitud.
    Síguense tras las tusonas
otras, que serlo desean,
y, aunque tan buenas no sean,
son mejores que busconas.°   prostitutes
    Éstas son unas estrellas
que dan menor claridad,
mas, en la necesidad,
te habrás de alumbrar° con ellas.   shine
    La buscona, 'no la cuento°   I don't count her
por estrella, que es cometa,
pues ni su luz es perfeta,
ni conocido su asiento.°   position
    Por las mañanas se ofrece
amenazando° al dinero,   demanding
y en cumpliéndose° el agüero,°   carrying out, predic-
al punto desaparece.   tion
    Niñas salen, que procuran°   endeavor

---

[38] **influyen en extranjeros…** *bring out a generous condition in strangers*. Women who have agreeable husbands are free to mingle with strangers.

[39] **cautas pasantes** *wary companions* . Some young unmarried women were accompanied by older women who introduced them to the life of the streets.

[40] **estrellas fijas…** a "fixed" star is more on course and the "mothers" are the ones who stray.

[41] **tusón** Among the courtesans, the ones called **tusonas** were considered to be the most important.

gozar todas ocasiones,
éstas son exhalaciones,°   shooting stars
que, mientras se queman,° duran.°   burn, last
    Pero que adviertas° es bien,   you note
5   si en estas estrellas tocas,
que son estables° muy pocas,   faithful
por más que un Perú[42] les den.
    No ignores, pues yo no ignoro
que un signo° el de Virgo es,   (of the Zodiac)
10   y los de cuernos[43] son tres:
Aries, Capricornio, y Toro.
    Y así, sin fiar° en ellas,   trusting
lleva un presupuesto° solo,   assumption
y es que el dinero es el polo
15   de todas estas estrellas.[44]

DON GARCÍA.   ¿Eres astrólogo?

TRISTÁN.   Oí,[45]
el tiempo que pretendía
en palacio,[46] astrología.

20 DON GARCÍA.   ¿Luego has pretendido?°   sought a position

TRISTÁN.   Fui
pretendiente,° por mi mal.   job seeker

DON GARCÍA.   ¿Cómo en servir has parado?[47]

TRISTÁN.   Señor, porque me han faltado

---

[42] **Perú** *a fortune,* or *all the gold in Peru.*

[43] **cuernos** *horns,* a traditional sign of infidelity. Three of the zodiac signs have horns: Aries, Taurus and Capricorn, therefore in the case of women, since there is only one sign of the virgin, Virgo, there is more of a chance of infidelity than fidelity.

[44] **el dinero es…** *money is the pole of all these stars.* There was an ancient theory that the stars in the sky revolved around a magnetic pole. In this case, the stars are the women, who revolve around one thing, money.

[45] **Oí** *I attended lectures.*

[46] **pretendía…** *I was seeking a position in the palace.* This is a situation Alarcón himself understood very well, as he was a **pretendiente** for many years before receiving his position on the Consejo de Indias.

[47] **¿Cómo en servir…** *Why are you a servant?*

	la fortuna y el caudal;°	abundance
	aunque quien te sirve, en vano	
	por mejor suerte suspira.°	longs for

DON GARCÍA.

5
    'Deja lisonjas,° y mira   stop the flattery
    el marfil° de aquella mano,   ivory
       el divino resplandor
    de aquellos ojos que, juntas
    despiden° entre las puntas,   emit
    flechas° de muerte y amor.[48]   arrows

10   TRISTÁN.

          ¿Dices aquella señora
    que va en el coche?

DON GARCÍA.

                Pues ¿cuál°   which other
    merece° alabanza° igual?   merits, praise
    ¡Qué bien encajaba° agora°   would suit, **ahora**

15
       esto de coche del sol[49]
    con todos sus adherentes°   followers
    de rayos de fuego ardientes°   glowing
    y 'deslumbrante arrebol!°   dazzling red sky

DON GARCÍA.

20
          ¿La primer dama que vi
    en la Corte, me agradó?°   pleased me

TRISTÁN.

    La primera en tierra.

DON GARCÍA.

                 No,
    la primera en cielo° sí,   heaven
       que es divina esta mujer.

25   TRISTÁN.

    Por puntos° las toparás°   frequently, bump
    tan bellas, que no podrás   into
    ser firme en un parecer;°   look
       yo nunca he tenido aquí
    constante amor ni deseo,

---

[48] **juntas despiden... juntas** modifies **flechas**, *the corners of the woman's eyes discharge arrows of love and death together.*

[49] **coche del sol...** It is important that the lady was riding in a coach, because it made her of noteworthy social importance. This description of her coach is written in a complex baroque style made famous by Luis de Góngora y Argote (1561-1627), a well-known poet of the time.

que siempre por la que veo,
me olvido de la que vi.

DON GARCÍA.   ¿Dónde ha de haber resplandores,°   radiance
que borren° los⁵⁰ de estos ojos?   erase

5   TRISTÁN.   Míraslos° ya con antojos,°   look at them, spec-
que hacen las cosas mayores.   tacles

DON GARCÍA.   ¿Conoces, Tristán?⁵¹

TRISTÁN.   No humanes,°   bring (down) to earth
lo que por divino adoras;
10   porque tan altas señoras
no tocan a los Tristanes.°   people like Tristán

DON GARCÍA.   Pues yo, al fin, '(quien fuere sea)°   whoever she be
la quiero, y he de servilla;°   serve her
tú puedes, Tristán, seguilla.°   follow her

15   TRISTÁN.   Detente,° que ella se apea°   wait, stepped down
en la tienda.

DON GARCÍA.   Llegar quiero.
¿Úsase en la Corte?⁵²

TRISTÁN.   Sí,
20   con la regla que te di,
de que es el polo el dinero.

DON GARCÍA.   Oro traigo.

TRISTÁN.   ¡Cierra, España!⁵³

---

⁵⁰ **los...** refers back to **resplandores.**
⁵¹ **¿Conoces...** add the direct object **la** in front of the verb. *Do you know her,*
TRISTÁN?
⁵² **¿Úsase en...** *Is that acceptable at Court?* (in Madrid?)
⁵³ **¡Cierra España!** A battlecry of the Spaniards during the Reconquest, **¡Santiago**
y cierra España! The name **Santiago** invokes the patron saint of Spain. The word
cierra means "attack." In this context, it means "Go on!"

que a César llevas contigo.[54]
Mas mira si° en lo que digo   unless
mi pensamiento ˈse engaña.°   be mistaken
    Advierte, señor, si aquella
5 que tras ella sale agora,[55]
puede ser sol de su aurora,°   dawn
ser aurora de su estrella.

DON GARCÍA.   Hermosa es también.

TRISTÁN.   Pues mira°   notice
10 si la criada es peor.

DON GARCÍA.   El coche es arco de amor,
y son flechas cuantas° tira.°   i.e., women, shoots
    Yo llego.

TRISTÁN.   A lo dicho° advierte.   proverb

15 DON GARCÍA.   ¿Y es?

TRISTÁN.   Que a la mujer rogando,
y con el dinero dando.[56]

DON GARCÍA   ¡Consista en eso mi suerte!

TRISTÁN.   Pues yo, mientras hablas, quiero
20 que me haga relación
el cochero de quién son.[57]

DON GARCÍA.   ¿Dirálo?°   will he tell you?

---

[54] **que a César…** A Biblical allusion to Christ's words found in Luke 20:22-25. Roman coins were inscribed with the likeness of Cæsar, so "taking Cæsar with you" meant taking money along.

[55] **Advierte , señor…** *Look out, sir, unless that woman who is going right out after her.*

[56] **Que a la mujer…** A version of this old proverb: **A Dios rogando y con el mazo dando,** *asking God and striking with the club,* in other words, God helps those who help themselves. Here TRISTÁN is referring to the women.

[57] **quiero que…** *I want the coach driver to tell me who they are.*

TRISTÁN.   Sí, que es cochero.⁵⁸ *(Vase.)*

[Escena IV]
(Salen Jacinta, LUCRECIA, e° ISABEL con mantos,   y
cae JACINTA y llega DON GARCÍA, y dale la mano.)

5 JACINTA.   '¡Válgame Dios!°   may God help me

DON GARCÍA. *[Levántala]*   Esta mano
                os servid de que os levante,⁵⁹
                si merezco ser Atlante°   Atlas
10   de un cielo tan soberano.⁶⁰

JACINTA.   Atlante debéis de ser,
                pues le° llegáis a tocar.   it (heaven)

DON GARCÍA.   Una cosa es alcanzar,
                y otra cosa merecer.
15   ¿Qué victoria es la beldad°   beauty
                alcanzar, por quien 'me abraso,°   burn with impa-
                si es favor que debo al caso,°   tience; occasion
                y no a vuestra voluntad?
                   Con mi propia mano así°   I seized
20   el cielo, mas ¿qué importó,°   did it matter
                si ha sido porque él° cayó,   el *cielo*
                y no porque yo subí?

JACINTA.   ¿Para qué fin se procura
                merecer?

25 DON GARCÍA.   Para alcanzar.

JACINTA.   ¿Llegar al fin, sin pasar
                por los medios° no es ventura?°   means, luck

---

⁵⁸ **Sí, que…** *Yes, because he is a coach driver.* Alarcón is noting here that coach drivers were known for gossiping.
⁵⁹ **Esta mano…** *Please let me help you up.*
⁶⁰ **si merezco ser Atlante…** A reference to Atlas, whom Zeus ordered to hold the heavens with his head and hands. In this case, DON GARCÍA is Atlas and Jacinta is the heaven he is holding in his hands.

DON GARCÍA.   Sí.

JACINTA.   Pues ¿cómo estáis quejoso°   complaining
                        del bien que os 'ha sucedido,°   happened
                        si el no haberlo merecido
5   os hace más venturoso?°   lucky

DON GARCÍA.   Porque, como las acciones
                        del agravio° y el favor   offense
                        reciben todo el valor°   worth
                        sólo de las intenciones,
10   por la mano que os toqué°   touched
                        no estoy yo favorecido,
                        si haberlo vos consentido,
                        con esa intención no fue.⁶¹
                        Y así sentir° me dejad   regret
15   que cuando tal dicha° gano,   happness
                        venga sin alma la mano,
                        y el favor sin voluntad.

JACINTA.   Si la vuestra no sabía,
                        de que agora me informáis,
20   injustamente culpáis°   blame
                        los defetos° de la mía.   failings

                        [Escena V]
                (*Salen* TRISTÁN *y* DON GARCÍA.) *[Dichos]*

TRISTÁN.   El cochero hizo su oficio;⁶²
25   (*Aparte a* DON GARCÍA.)
                        nuevas tengo de quién son.

DON GARCÍA.   ¿Que hasta aquí de mi afición°   love
                        nunca tuvistes° indicio?   **tuvisteis**

JACINTA.   ¿Cómo, si jamás os vi?

30 DON GARCÍA.   ¿Tan poco 'ha valido° (¡ay Dios!)   has it been worth

---

⁶¹ **por la mano...** *I am not favored by the hand I touched if it was not your intention to give your consent.*
⁶² **El cochero...** *The coachman did his duty.* In other words, he gave TRISTÁN information about the women.

más de un año, que por vos
he andado fuera de mí?[63]

TRISTÁN.   ¿Un año, y ayer llegó *(Aparte.)*
a la Corte?

5   JACINTA.   ¡Bueno a fe!°   Good heavens!
¿Más de un año? Juraré
que no os vi en mi vida yo.

DON GARCÍA.   Cuando del indiano suelo[64]
por mi dicha llegué aquí,
10   la primer cosa que vi,
fue la gloria de ese cielo.[65]
Y aunque os entregué° al momento   handed over
el alma, 'habéislo ignorado°,   have ignored it
porque ocasión 'me ha faltado°   has failed me
15   de deciros, lo que siento.

JACINTA.   ¿Sois indiano?

DON GARCÍA.   Y tales son
mis riquezas, pues° os vi,   since
que al minado Potosí,[66]
20   le quito° la presunción.   suppressed

TRISTÁN.   ¿Indiano? *(Aparte.)*

JACINTA.   ¿Y sois tan guardoso,°   stingy
como la fama los° hace?   los *indianos*

DON GARCÍA. Al que más avaro° nace,   miserly
25   hace el amor dadivoso.°   generous

JACINTA.   ¿Luego, si decís verdad,
preciosas ferias° espero?   presents

[63] **fuera de mí** *beside myself.*
[64] **indiano suelo** *Indian soil* refers to the Indies or the New World.
[65] **fue la gloria…** *was the glory of that heaven.* The word **cielo** is used in many
lines of the play to describe a woman.
[66] **al minado Potosí** a silver mine in Bolivia, discovered in 1545, which exported
great quantities of silver ingots to Spain.

DON GARCÍA.	Si es que ha de dar el dinero	
	crédito a la voluntad,[67]	
	serán pequeños empleos,°	investments
	para mostrar lo que adoro,	
5	daros tantos mundos de oro,	
	como vos me dais deseos.°	desires
	Mas ya que ni al merecer	
	de esa divina beldad,	
	ni a mi inmensa voluntad	
10	ha de igualar° el poder,	equal
	por lo menos, os servid	
	que esta tienda, que 'os franqueo,°	place at your dispo-
	dé señal de mi deseo.	sition
JACINTA.	No vi tal hombre en Madrid.	
15	*(Aparte a LUCRECIA.)*	
	Lucrecia; ¿qué te parece	
	del indiano liberal?°	generous
LUCRECIA.	Que no te parece mal,	
	Jacinta, y que lo merece.	
20 DON GARCÍA.	Las joyas que gusto os dan,	
	tomad deste aparador.°	shop window
TRISTÁN.	Mucho 'te arrojas,° señor. *(Aparte a su amo.)*	being impetuous
DON GARCÍA.	¡Estoy perdido, Tristán! (A TRISTÁN)	
ISABEL.	Don Juan viene. *(Aparte a las damas.)*	
25 JACINTA.	Yo agradezco,	
	señor, lo que me ofrecéis.	
DON GARCÍA.	Mirad que me agraviaréis,°	will offend
	si no lográis° lo que ofrezco.	accept
JACINTA.	Yerran° vuestros pensamientos,	miss the target
30	caballero, en presumir°	presuming
	que puedo yo recebir	
	más que los ofrecimientos.	

[67] **Si es que…** *If it is true that money must give credence to love.*

DON GARCÍA.	Pues ¿qué ha alcanzado° de vos	has prevailed
	el corazón que os he dado?	

JACINTA.   El haberos escuchado.[68]

DON GARCÍA.   Yo lo estimo.°   value

5   JACINTA.   A Dios.

DON GARCÍA.   A Dios,
          y para amaros, me dad
          licencia.°   permission

JACINTA.   Para querer,
10   no pienso que ha menester[69]
          licencia la voluntad. *(Vanse las mujeres.)*

[Escena VI]
(DON GARCÍA, TRISTÁN)

DON GARCÍA.   Síguelas.

15   TRISTÁN.   Si te fatigas,°   are worrying
          señor, por saber la casa
          de la que en amor te abrasa,[70]
          ya la sé.

DON GARCÍA.   Pues no las sigas;
20   que 'suele ser° enfadosa°   is apt to be, annoying
          la diligencia importuna.°   ill-timed

TRISTÁN.   «Doña Lucrecia de Luna
          se llama la más hermosa,
                    que es mi dueño; y la otra dama
25   que acompañándola viene,
          sé dónde la casa tiene,
          mas no sé cómo se llama.»
                    Esto respondió el cochero.

---

[68] **El haberos escuchado.** *The fact that I listened to you.*
[69] **no pienso que...** the subject of **ha menester** is **la voluntad.**
[70] **de la que...** The **la** in this instance refers to Jacinta.

DON GARCÍA.   Si es Lucrecia la más bella,
                   no hay más que saber, pues ella
                   es la que habló, y la que quiero;[71]
                   que, como el autor del día[72]
5   las estrellas deja atrás,
                   de esa suerte a las demás,
                   la que me cegó,° vencía.°   blinded, won

TRISTÁN.   Pues a mí la que calló°   kept quiet
                   me pareció más hermosa.

10 DON GARCÍA.   ¡Qué buen gusto!

TRISTÁN.   Es cierta cosa
                   que no tengo voto yo.
                       Mas soy tan aficionado
                   a cualquier mujer que calla,
15   que bastó,° para juzgalla°   was enough, judge
                   más hermosa haber callado.[73]   her
                       Mas dado, señor, que 'estés
                   errado tú,° presto° espero,   may be wrong, soon
                   preguntándole al cochero
20   la casa, saber quién es.

DON GARCÍA.   Y Lucrecia, ¿dónde tiene
                   la suya?

TRISTÁN.   Que a la Victoria[74]
                   dijo, si tengo memoria.

25 DON GARCÍA.   Siempre ese nombre conviene°   is suitable
                   a la esfera° venturosa   sphere

---

[71] **ella es...** Don García begins the comedy of errors here by mistaking Jacinta, whom he talked to, for Lucrecia.

[72] **el autor...** A poetic reference to the sun.

[73] **que bastó...** The subject of **bastó** is haber callado... *that having been quiet was enough evidence to judge her the most beautiful.*

[74] **Que a la Victoria...** The convent of San Francisco de Paula, founded in 1561, was located near Victoria Street in the Puerta del Sol section of Madrid. The area was often referred to as **La Victoria**.

que da eclíptica[75] a tal luna.[76]

(*Salen* DON JUAN, *y* DON FÉLIX *por otra parte.*)

[*Escena VII*]
(DON JUAN, DON FÉLIX, *Dichos*)

5	DON JUAN.	¿Música y cena? ¡Ah, fortuna! (*A* DON FÉLIX)	

DON GARCÍA. ¿No es éste don Juan de Sosa?

TRISTÁN. El mismo.

DON JUAN. ¿Quién puede ser
el amante venturoso
10 que me tiene tan celoso?°   jealous

DON FÉLIX. Que lo vendréis a saber
a pocos lances,[77] confío.°   trust

DON JUAN. ¡Que otro amante le haya dado,
a quien mía se ha nombrado,[78]
15 música y cena en el río!

DON GARCÍA. Don Juan de Sosa.

DON JUAN. ¿Quién es?

DON GARCÍA. ¿Ya olvidáis° a DON GARCÍA?   forget

DON JUAN. Veros° en Madrid lo hacía,   seeing you
20 y el nuevo traje.°   outfit

DON GARCÍA. Después°   since

---

[75] **eclíptica...** The ecliptic is the great circle which the earth appears to describe in its orbit.
[76] **luna** Alarcón makes a play on words here, speaking of the moon, but also referring to Lucrecia's name, doña Lucrecia de la Luna.
[77] **a pocos lances** *in a short time and with little effort.*
[78] **a quien mía...** *who called herself mine.*

que en Salamanca me vistes,°   viste
muy otro debo de estar.

DON JUAN.   Más galán° sois de seglar°   gallant, layman's
que de estudiante lo fuistes.   clothes
5   ¿Venís a Madrid 'de asiento?°   permanently

DON GARCÍA.   Sí.

DON JUAN.   'Bien venido° seáis.   welcome

DON GARCÍA.   Vos, don Félix, ¿cómo estáis?

DON FÉLIX.   De veros, por Dios, contento.
10   Vengáis bueno en hora buena.⁷⁹

DON GARCÍA.   Para serviros. ¿Qué hacéis?
¿De qué habláis? ¿En qué entendéis?°   busy with

DON JUAN.   De cierta música y cena
                     que en el río dio un galán
15   esta noche a una señora,
era la plática° agora.   talk

DON GARCÍA.   ¿Música y cena, don Juan?
                     ¿Y anoche?

DON JUAN.   Sí.

20 DON GARCÍA.   ¿Mucha cosa?
¿Grande fiesta?

DON JUAN.   Así es la fama.

DON GARCÍA.   ¿Y muy hermosa la dama?

DON JUAN.   Dícenme que es muy hermosa.

25 DON GARCÍA.   ¡Bien!°   Good fortune!

DON JUAN.   ¿Qué misterios hacéis?

⁷⁹ **Vengáis bueno…** *I hope you are well, and you are welcome.*

Don García.	De que alabéis° por tan buena esa dama y esa cena, si no es que alabando estéis mi fiesta y mi dama así.[80]	praise
5 Don Juan.	¿Pues tuvistes también boda° anoche en el río?	fiesta
Don García.	Toda en eso la[81] consumí.°	spent
Tristán.	¿Qué fiesta, o qué dama es ésta, *(Aparte.)* 10 si a la Corte llegó ayer?	
Don Juan.	¿Ya tenéis a quién[82] hacer, tan recién venido, fiesta? Presto° el amor dio con vos.	quickly
Don García.	No ha tan poco que he llegado, 15 que un mes no haya descansado.	
Tristán.	¡Ayer llegó, 'voto a Dios!° *(Aparte.)* Él lleva alguna intención.	I swear
Don Juan.	No lo he sabido, a fe mía, que al punto acudido habría[83] 20 a cumplir mi obligación.[84]	
Don García.	He estado hasta aquí secreto.	
Don Juan.	Ésa la causa habrá sido de no haberlo yo sabido:[85] pero ¿la fiesta 'en efeto° 25 fue famosa?°	in fact great

---

[80] **De que alabéis...** *If that dinner and that lady that your are praising were so good, then perhaps you are praising my party and my lady.*

[81] **la** = la noche.

[82] **a quién** = una dama.

[83] **acudido habría** = **habría acudido** *I would have come.*

[84] **a cumplir...** *to do my duty,* i.e. to pay his respects.

[85] **de no haberlo...** *that I didn't know it.*

DON GARCÍA.   Por ventura
                       no la vio mejor el río.

DON JUAN.   Ya de celos desvarío.° *(Aparte.)*   I'm raving
                       ¿Quién duda que la espesura°   thickness
5   del Sotillo[86] el sitio os dio?[87]

DON GARCÍA.   Tales señas° me vais dando,   signals
                       don Juan, que voy sospechando
                       que la[88] sabéis como yo.

DON JUAN.   No estoy de todo ignorante,
10   aunque todo no lo sé;
                       dijéronme no sé qué
                       confusamente,° bastante   confusedly
                       a tenerme deseoso
                       de escucharos° la verdad;   hearing from you
15   forzosa° curiosidad   inevitable
                       en un cortesano ocioso…
                              O en un amante con celos. *(Aparte.)*

DON FÉLIX.   Advertid° cuán sin pensar *(A DON JUAN, aparte.)*   observe
                       os han venido a mostrar
20   vuestro contrario° los cielos.[89]   rival

DON GARCÍA.   Pues a la fiesta atended:°   listen
                       contaréla,[90] ya que veo
                       que os fatiga° ese deseo.   troubles

DON JUAN.   Haréisnos mucha merced.

25 DON GARCÍA.   Entre las opacas° sombras°   gloomy, shadows
                       y opacidades° espesas°   darkness, thick
                       que el soto° formaba de olmos,°   grove, elms

---

[86] **Sotillo** a favorite place for fashionable people to party along the banks of the Manzanares River.

[87] **el sitio…** Don Juan thinks that the thicket along the riverbank provided a place for DON GARCÍA to meet his lady.

[88] **la** = la dama.

[89] **os han venido… los cielos** is the subject of han venido. In this sense, **cielos** refers to fate, or luck.

[90] **contaréla** = **la contaré**.

y la noche de tinieblas,°	darkness
se ocultaba una cuadrada,°	square
limpia y olorosa° mesa	fragrant
a lo italiano curiosa,[91]	
5 a lo español opulenta.	
En mil figuras prensados°	stamped
manteles° y servilletas,°	tablecloth. nakpins
sólo invidiaban las almas	
a las aves y a las fieras.[92]	
10 Cuatro aparadores° puestos	sideboards
'en cuadra correspondencia,°	forming a square
la plata blanca y dorada,	
vidrios y barros° ostentan.°	porcelain, display
Quedó con ramas° un olmo	branches
15 en todo el Sotillo apenas,°	scarcely
que dellas se edificaron,°	built
en varias partes seis tiendas.°	pavilions
Cuatro coros diferentes	
ocultan las cuatro dellas;	
20 otra, principios° y postres,	hors d'œuvres
y las viandas,° la sexta.	entrees
Llegó en su coche mi dueño,°	mistress
dando envidia a las estrellas,	
a los aires suavidad,°	sweetness
25 y alegría a la ribera.°	river bank
Apenas el pie que adoro,	
hizo esmeraldas la yerba,°	grass
hizo cristal la corriente,°	current
las arenas° hizo perlas,	sands
30 cuando en copia disparados°	discharged
cohetes,° bombas, y ruedas,°	rockets, pinwheels
toda la región del fuego	
bajó, en un punto, a la tierra.	
Aún no las sulfúreas luces	
35 se acabaron, cuando empiezan	
las de veinte y cuatro antorchas°	torches
a obscurecer las estrellas.	
Empezó primero el coro	
de chirimías;° tras ellas	oboes

[91] **a lo italiano…** the table was set in the Italian way, meaning carefully.
[92] **En mil figuras…** The figures stamped on the fabric of the tablecloths and napkins were so realistic, that they lacked only a soul to be real.

el de las vihuelas de arco[93]
sonó en la segunda tienda.
Salieron con suavidad
las flautas de la tercera,
5   y en la cuarta, cuatro voces
con guitarras y arpas suenan.°   sound
Entre tanto se sirvieron
treinta y dos 'platos de cena,°   courses
sin los principios y postres,
10   que casi 'otros tantos° eran.   as many more
Las frutas y las bebidas,
en fuentes° y tazas° hechas   bowls, cups
'del cristal que da el invierno°   *i.e.*, ice
y el artificio° conserva.[94]   cunning
15   De tanta nieve se cubren,
que Manzanares sospecha,
cuando por el soto pasa,
que camina por la sierra.
El olfato no está ocioso
20   cuando el gusto se recrea,[95]
que de espíritus° suaves   essences
de pomos° y cazolejas,°   flasks, boxes
y distilados sudores°   resins
de aromas,° flores, y yerbas,   aromatic flowers
25   en el Soto de Madrid
se vio la región sabea.[96]
En un hombre de diamantes,
delicadas de oro flechas,
que mostrasen a mi dueño
30   su crueldad y mi firmeza,
al sauce, al junco, y al mimbre[97]
quitaron su preeminencia;

[93] **las vihuelas…** A pear-shaped instrument with five to seven strings, played with a bow (as these are) or plucked.

[94] **Las frutas y las bebidas…** This is a description of using snow brought in from the mountains to chill the food, a common practice at that time.

[95] **El olfato…** *The sense of smell was not idle while the sense of taste was amusing itself.*

[96] **sabea** refers to Saba, an ancient kingdom in South Arabia, now modern Yemen, known for its perfumes. The mention of this far-away place enhances the description of the exotic aromas in the grove.

[97] **al sauce…** *willow, rush, osier-willow*, names of woods that toothpicks were usually made of.

	que han de ser oro las pajas°	toothpicks
	cuando los dientes son perlas.[98]	
	En esto, juntos en folla°	medley
	los cuatro coros comienzan	
5	desde conformes° distancias	suitable
	a suspender° las esferas;[99]	amaze
	tanto que, invidioso Apolo[100]	
	apresuró° su carrera,	hastened
	porque el principio del día	
10	pusiese fin a la fiesta.	

DON JUAN.	Por Dios que la° habéis pintado	la *fiesta*
	de colores tan perfetas,[101]	
	que no trocara° el oírla	exchange
	por 'haberme hallado° en ella.	having found myself

TRISTÁN.	¡Válgate el diablo por hombre![102] *(Aparte .)*	
15	¿Que 'tan de repente° pueda	so swiftly
	pintar un convite° tal	festivity
	que a la verdad misma venza?°	might be overcome

DON JUAN.	'Rabio de° celos. *(A DON FÉLIX)*	I'm seething with

DON FÉLIX.	No os dieron	
20	del convite tales señas.	

DON JUAN.	¿Qué importa,[103] si en la substancia	

---

[98] **En un hombre...** This section describes an elaborate toothpick holder on the table in the shape of a man pierced with gold tooothpicks sharpened into the form of arrows.

[99] **las esferas** The use of the word "spheres" refers to a Ptolemaic view of the universe, which put the earth at the center. The earth was surrounded by nine spheres, each of a graduated size: the Sun, Moon, Mercury, Venus, Mars, Jupiter, Saturn, the starry sphere (which included all the "fixed" stars), and the crystalline sphere (which affected the equinoxes). Pythagoras' theory posited that the spheres must vibrate in space and therefore produce sound. Since each sphere was a different size, the sounds were different and harmonious, making a universal, ethereal music. The music at the party along the Manzanares River astounded even the heavenly spheres.

[100] **Apolo** *Apollo,* The Greek and Roman god of the sun.

[101] **colores...** At the time, the word **colores** was often feminine.

[102] **¡Válgate...** *The Devil bless him as a son,* he's such a liar!

[103] **¿Qué importa...** *What do the details matter?*

el tiempo y lugar concuerdan?

DON GARCÍA.   ¿Qué decís?

DON JUAN.   Que fue el festín°   feast
5   más célebre que pudiera
               hacer Alejandro Magno.[104]

DON GARCÍA.   ¡Oh! son niñerías° éstas,   trifles
               ordenadas de repente.
               Dadme vos que yo tuviera,
               para prevenirme un día:[105]
10   que a las romanas y griegas
               fiestas que al mundo admiraron,
               nueva admiración pusiera.
                    (Mira adentro.)

DON FÉLIX.   Jacinta es la del estribo[106]
15   en el coche de Lucrecia.
                    (A DON JUAN, aparte.)

DON JUAN.   Los ojos a Don García
               se le van, por Dios, tras ella.[107]
                    (A DON FÉLIX, aparte.)

20 DON FÉLIX. Inquieto° está y divertido.°   uneasy, absent-mind-
                                                            ed
DON JUAN.   Ciertas son ya mis sospechas.°   suspicions
                    (Juntos DON JUAN y DON GARCÍA.)
               Adiós.

DON FÉLIX.   Entrambos a un punto

---

[104] **Alejandro Magno,** Alexander the Great (356-323 B.C.) was known as the King of Macedonia and the military conqueror who spread Greek culture throughout Asia Minor, Egypt and India. He was known for his generosity.
[105] **Dadme vos...** Give me one day to prepare.
[106] **Jacinta es...** Jacinta is the one in the **estribo**. The word **estribo** can refer to the seat near the door of a carriage, usually reserved for the most important person, or a guest. In this scene, Don Juan is looking at Jacinta, who is sitting in the seat near the door in Lucrecia's carriage. Don García is looking at Jacinta as well, believing that she is Lucrecia, in the seat of importance in her own carriage.
[107] **Los ojos...** *Don García's eyes, by God, are following her.*

fuistes a una cosa mesma.[108]
    (Vanse DON JUAN *y* DON FÉLIX.*)*

[Escena VIII]
*(*DON GARCÍA, TRISTÁN*)*

5 TRISTÁN.	No vi jamás despedida *(Aparte.)* tan conforme,° y tan resuelta.°	simultaneous, abrupt
DON GARCÍA.	Aquel cielo,° primer móvil[109] de mis acciones, me lleva arrebatado° tras sí.	= Jacinta headlong
10 TRISTÁN.	Disimula y ten paciencia,[110] que el mostrarse muy amante antes daña que aprovecha,[111] y siempre he visto que son venturosas las tibiezas.°	 lukewarm ones
15	Las mujeres y los diablos caminan por una senda, que a las almas rematadas,° ni las siguen ni las tientan;° que el tenellas ya seguras	 lost tempt
20	les hace olvidarse dellas, y sólo de las que pueden escapárseles se acuerdan.[112]	
DON GARCÍA.	Es verdad, mas no soy dueño de mí mismo.	
25 TRISTÁN.	Hasta que sepas extensamente 'su estado,°	her social position

---

[108] **Entrambos...** *Both started to leave at the same time.*

[109] **primer móvil** *first mover*, primum mobile of Aristotle, refers to the view of the universe as series of ten spheres of descending sizes. The primum mobile was the outer edge of the tenth sphere which received its impetus from God, and passed motion on to the other spheres. This concentric circle revolved from east to west with the earth as its center and caused all of the other spheres to revolve with it.

[110] **Disimula...** *Conceal [your feelings] and be patient.*

[111] **antes daña...** *rather harms than is useful.*

[112] **Las mujeres...** The sense of this passage is that women and devils use similar methods; they don't pursue those souls that they are sure of, but reserve their wiles for the ones which might get away.

	no 'te entregues° tan 'de veras;°	surrender, truthfully
	que suele dar, quien 'se arroja°	rushes in
	creyendo las apariencias,	
	en un pantano° cubierto	swamp
5	de verde engañosa° yerba.	deceptive

DON GARCÍA.   Pues hoy te informa de todo.

TRISTÁN.   Eso queda por mi cuenta.[113]
                Y agora, antes que reviente,°   I burst
                dime, por Dios, ¿qué fin llevas
10   en las ficciones que he oído?
                Siquiera° para que pueda   at least
                ayudarte, que cogernos°   get ourselves caught
                en mentira será afrenta.°
                Perulero[114] te fingiste
15   con las damas.

DON GARCÍA.   Cosa es cierta,
                Tristán, que los forasteros°   strangers
                tienen más dicha con ellas,
                y más si son de las Indias,
20   'información de riqueza.°   proof of wealth

TRISTÁN.   Ese fin está entendido;
                mas pienso que el medio yerras,°   mistake
                pues han de saber al fin
                quién eres.

25 DON GARCÍA.   Cuando lo sepan,
                habré ganado° en su casa,   attained
                o en su pecho° ya las puertas   heart
                con ese medio, y después
                yo 'me entenderé° con ellas.   will get along

30 TRISTÁN.   Digo que me has convencido,
                señor, mas agora venga
                lo de haber un mes que estás

---

[113] **Eso queda…** *I'll take care of it.*
[114] **Perulero** *A man from Peru.* He has chosen Peru as his origin, so that he will be considered a rich man from the New World.

en la Corte.[115] ¿Qué fin llevas,°   do you have in mind
habiendo llegado ayer?

DON GARCÍA.   Ya sabes tú que es grandeza°   (an indication of)
               esto de estar encubierto,°   greatness; hidden
5   o retirado° en su aldea,   in seclusion
               o en su casa descansando.

TRISTÁN.   'Vaya muy en hora buena;°   congratulations
               lo del convite entra agora.[116]

DON GARCÍA.   Fingílo,° porque 'me pesa°   made it up, distresses
10   que piense nadie que hay cosa,   me
               que mover mi pecho pueda
               a invidia, o admiración,
               pasiones que al hombre afrentan;°   affront
               que admirarse es ignorancia,
15   como invidiar es bajeza.°   baseness
               Tú no sabes 'a qué sabe,°   how pleasant it is
               cuando llega un portanuevas°   gossip
               muy orgulloso° a contar   proud
               una hazaña° o una fiesta,   feat
20   taparle la boca yo
               con otra tal, que se vuelva
               con sus nuevas en el cuerpo,
               y que reviente con ellas.[117]

TRISTÁN.   ¡'Caprichosa prevención,°   witty notion
25   si bien peligrosa treta!°   trick
               La fábula° de la Corte   gossip
               serás, si la flor te entrevan.[118]

DON GARCÍA.   Quien vive sin ser sentido,°   conscious

---

[115] **mas agora…** *But now, explain that business about your having arrived at the capital a month ago.*

[116] **lo del convite…** *but what about the party?*

[117] **taparle la boca…** *in order to shut his mouth, I come up with such a bigger story that he's stuck with his own news inside of himself and must burst with it.*

[118] **si la flor…** *If they understand the flower.* This is a phrase used in gambling, or other card games, which means, *if they discover the trick.*

quien sólo el número aumenta,[119]
y hace lo que todos hacen,
¿en qué difiere de bestia?
Ser famosos es gran cosa,
'el medio cual fuere sea;°   whatever the means
'nómbrenme a mí° en todas partes,   mentioning my name
y murmúrenme° siquiera;°   whisper about me,
pues uno°, por ganar nombre   even; = Erostratus
abrasó° el templo de Efesia.[120]   burned
Y, al fin, es éste mi gusto,
que es la razón de más fuerza.

TRISTÁN.   Juveniles° opiniones   childish
                 sigue tu ambiciosa idea,
                 y cerrar has menester°   need
                 en la Corte la mollera.[121]
                      (*Vanse.*)

                      [*Escena IX*]
                 (*Sala en casa de don Sancho*)
                 (*Salen* JACINTA *e* ISABEL, *con mantos*
                      DON BELTRÁN *y don Sancho.*)

JACINTA.   ¿Tan grande merced?°   honor

DON BELTRÁN.   No ha sido
                 amistad de un solo día
                 la que esta casa y la mía,
                 si os acordáis, 'se han tenido.°   held fast
                      Y así, no es bien que extrañéis° wonder at
                 mi visita.

JACINTA.   Si 'me espanto,°   surprised
                 es, señor, por haber tanto°   **tanto** *tiempo*

---

[119] **sólo el número…** *only increases the number.* Don García is referring here to
people who don't do anything in the world but simply increase the population.

[120] **el templo de Efesia** Refers to the temple of Diana at Ephesus, one of the
wonders of the ancient world, that was burned by a shepherd, Erostratus, in order
to gain fame.

[121] **cerrar…** The **mollera** is the soft spot on an infant's head, which is replaced by
bone as the child grows. This phrase literally means *to close the soft spot*, or, to act
more maturely.

que merced° no nos hacéis.   = that of visiting

    Perdonadme, que, ignorando
el bien° que en casa tenía,   = don Beltrán
me tardé en la Platería,[122]

5   ciertas joyas concertando.°   bargaining for

DON BELTRÁN.   Feliz pronóstico° dais   omen
al pensamiento que tengo,
pues cuando a casaros° vengo,   to marry you off
comprando joyas estáis.

10   Con don Sancho, vuestro tío,
tengo tratado,° señora,   arrangement
hacer parentesco° agora   kinship
nuestra amistad, y confío,
    'puesto que,° como discreto,°   since, as a wise man

15   dice don Sancho que es justo
remitirse° a vuestro gusto,   defer
que esto ha de tener efeto.
    Que, pues es la hacienda mía
y calidad tan patente,°   obvious

20   sólo falta que os contente
la persona de García.[123]
    Y, aunque ayer a Madrid vino
de Salamanca el mancebo,°   young man
y de envidia el rubio Febo[124]

25   le ha abrasado en el camino,
    bien me atreveré° a ponello°   will venture, put him
ante vuestros ojos claros,
fiando que ha de agradaros°   please you
desde la planta al cabello,[125]

30   si licencia le otorgáis°   give
para que os bese la mano.[126]

JACINTA.   Encarecer° lo que gano   exaggerate

---

[122] **Platería...** (also used in the plural). A section of the Calle Mayor in Madrid between the Plaza Villa and the Puerta de Guadalajara. This area was famous for its many silversmith shops.

[123] **la persona...** the personality and personal qualities of Don García.

[124] **Febo...** *Phoebus* or *Apollo*, a reference to the sun god.

[125] **desde la planta...** *from head to toe.*

[126] **para que...** *for him to kiss your hand.* This gesture was used to show loyalty and respect.

en la mano que me dais,
    si es notorio, es vano intento,
que estimo de tal manera
las 'prendas vuestras,° que diera   your good qualities
5   luego mi consentimiento,
    a no haber de parecer,°   to seem
por mucho que en ello gano,
arrojamiento° liviano°   boldness, frivolous
en una honrada mujer.
10   Que el breve determinarse°   come to a decision
en cosas de tanto peso,°   weight
o es tener muy poco seso,°   sense
o gran gana de casarse.
    Y 'en cuanto a que yo lo vea,°   as for seeing him
15 me parece, si os agrada,
que para no arriesgar nada,
pasando la calle sea.¹²⁷
    Que si, 'como puede ser,°   as it often seems
y sucede a cada paso,
20 después de tratarlo,¹²⁸ acaso
se viniese a deshacer,°   it's dissolved
    ¿de qué me hubieran servido,
o qué opinión me darán
las visitas de un galán
25 con licencias° de marido?°   privileges, betrothed

DON BELTRÁN.   Ya por vuestra gran cordura,°   prudence
si es mi hijo vuestro esposo,
'le tendré por° tan dichoso   I'll consider him
como por vuestra hermosura.

30 DON SANCHO.   De prudencia puede ser
un espejo, la que oís.¹²⁹

DON BELTRÁN.   No sin causa os remitís,°   refer
don Sancho, a su parecer.
    Esta tarde, con García,

---

¹²⁷ **pasando...** *it may be passing in the street,* rather than visiting. Jacinta wisely does not want to risk agreeing to a marriage with Don García without seeing him first.
¹²⁸ **después de...** *after arranging it,* meaning the marriage.
¹²⁹ **De prudencia...** Jacinta is a mirror which reflects prudence itself.

a caballo pasaré
vuestra calle.

JACINTA.   Yo estaré
detrás de esa celosía.°   window blind

5   DON BELTRÁN.   Que le miréis bien os pido,
que esta noche he de volver
Jacinta hermosa, a saber
cómo os haya parecido.

JACINTA.   '¿Tan a priesa?°   so soon

10   DON BELTRÁN.   Este cuidado
no admiréis,° que es ya forzoso;   wonder at
pues si vine deseoso,
vuelvo agora enamorado.°   in love
                    Y adiós.

15   JACINTA.   Adiós.

DON BELTRÁN.   ¿Dónde vais?

DON SANCHO.   A serviros.°   to accompany you

DON BELTRÁN.   'No saldré.° *(Vase.)*   = it is not necessary

DON SANCHO.   Al corredor llegaré
20   con vos, si licencia dais.¹³⁰
                    (Vanse DON BELTRÁN y don Sancho)

                    [Escena X]
                    [JACINTA, ISABEL]

ISABEL.   'Mucha priesa te da° el viejo.   rushing you

25   JACINTA.   Yo se la diera mayor,¹³¹
                pues tan bién le° está a mi honor,   = the marriage

---

¹³⁰ **Al corredor…** Don Beltrán has said politely that it is not necessary to see him
out, but don Sancho insists on accompanying him to the corridor.
¹³¹ **Yo se la…** *I might be in greater haste.*

       si a diferente consejo°   conclusion
       no me obligara el amor.
           Que, aunque los impedimentos
       del hábito° de don Juan,[132]   membership
5   dueño de mis pensamientos,
       forzosa causa me dan
       de admitir otros intentos,
           como su amor no despido,°   dismiss
       por mucho que lo deseo,
10   que vive en el alma asido,°   held
       tiemblo,° Isabel, cuando creo   tremble
       que otro ha de ser mi marido.

ISABEL.   Yo pensé que ya olvidabas
       a don Juan, viendo que dabas
15   lugar a otras pretensiones.°   proposals

JACINTA.   Cáusanlo estas ocasiones,
       Isabel, no te engañabas;
           que como ha tanto que está
20   el hábito detenido,°   delayed
       y no ha de ser mi marido,
       si no sale,[133] tengo ya
       este intento por perdido.
           Y así, para no morirme,°   die
25   quiero hablar y divertirme,
       pues en vano me atormento;
       que en un imposible intento
       no apruebo el morir de firme.[134]
           Por ventura encontraré
30   alguno tal, que merezca°   deserves
       que mano y alma le dé.

ISABEL.   No dudo que el tiempo ofrezca
       sujeto digno a tu fe;°   love

---

[132] **del hábito...** Refers to don Juan's desire for membership in a military order, which generally required an impeccable lineage in addition to other prerequisites. The process of acceptance was often very involved and took a lot of time.

[133] **si no sale... si [el hábito] no sale** i.e. if he doesn't gain acceptance into the military order.

[134] **no apruebo...** *I do not approve of persisting until death.*

	y si no me engaño yo,	
	hoy no te desagradó°	didn't displease
	el galán indiano.[135]	
JACINTA.	Amiga,	
5	¿quieres que verdad te diga?	
	Pues muy bien 'me pareció.°	he looked to me
	Y tanto que te prometo	
	que si fuera tan discreto,	
	tan gentilhombre° y galán	gentleman
10	el hijo de Don Beltrán,	
	tuviera la boda efeto.[136]	
ISABEL.	Esta tarde le verás	
	con su padre por la calle.	
JACINTA.	Veré sólo el rostro y talle;°	figure
15	el alma, que importa más,	
	quisiera ver con hablalle.	
ISABEL.	Háblale.	
JACINTA.	'Hase de ofender°	will be offended
	don Juan, si llega a sabello,°	**saberlo**
20	y no quiero, hasta saber	
	que de otro dueño he de ser,	
	determinarme a perdello.	
ISABEL.	Pues da algún medio, y advierte	
	que 'siglos pasas en vano,°	time flies
25	y conviene resolverte,	
	que don Juan es, desta suerte,	
	el perro del hortelano.[137]	
	Sin que 'lo sepa° don Juan,	knowing it
	podrás hablar, si tú quieres,	

---

[135] **el galán indiano** = Don García.

[136] **tuviera…** *the wedding might take place.*

[137] **el perro…** *the dog in the manger.* There is a proverb that says "the dog in the manger neither eats the cabbages nor allows anyone else to eat them." It is also the name of a play by Lope de Vega, the famous Golden Age dramatist. In this instance it means not taking advantage of an opportunity also prevents others from doing so.

al hijo de Don Beltrán;
que, como en su centro,[138] están
las trazas° en las mujeres.   schemes

JACINTA.   Una° pienso, que podría   *una traza*
5   en este caso importar.°   be right
                     Lucrecia es amiga mía,
                     ella puede hacer llamar
                     de su parte a Don García;
                         que, como secreta esté
10   yo con ella en su ventana,
                     este fin conseguiré.°   will get

ISABEL.   Industria tan soberana°   splendid
                     sólo de tu ingenio fue.°   could come
                         Pues parte° 'al punto,° y mi intento   depart, at once
15   'le di° a Lucrecia, Isabel.   **dile**

ISABEL.   Sus alas° tomaré al viento.   wings

JACINTA.   La dilación° de un momento   delay
                     le di, que es un siglo en él.[139]

                            [Escena XI]
20   (DON JUAN, *que encuentra*
                     a ISABEL *al salir.* JACINTA.)

DON JUAN.   ¿Puedo hablar a tu señora?

ISABEL.   Sólo un momento ha de ser,
                     que, de salir a comer
25   mi señor don Sancho, es hora. (*Vase.*)

DON JUAN.   Ya, Jacinta, que te pierdo,
                     ya que yo me pierdo, ya…

JACINTA.   ¿Estás loco?

DON JUAN.   ¿Quién podrá

[138] **como en…** *in the proper place, appropriate.*
[139] **en él** in the fulfillment of my plan.

	estar con tus cosas[140] cuerdo?°	sane
JACINTA.	Repórtate° y habla paso,°	restrain yourself,
	que está en la cuadra[141] mi tío.	quietly
DON JUAN.	Cuando a cenar vas al río,	
5	¿cómo haces dél poco caso?[142]	
JACINTA.	¿Qué dices? '¿Estás en ti?°	are you crazy?
DON JUAN.	Cuando para trasnochar°	stay up all night
	con otro tienes lugar,[143]	
	¿tienes tío para mí?[144]	

                          ¿Trasnochar con otro? Advierte
que aunque eso fuese° verdad,   *were*
era mucha libertad°   *presumptuous*
hablarme a mí 'de esa suerte,°   *in that way*
    cuanto más que es desvarío°   *raving*
de tu loca fantasía.

10   JACINTA.

15

DON JUAN. Ya sé que fue Don García
el de la fiesta del río;
    ya los fuegos, que a tu coche,
Jacinta, la salva° hicieron,   *salute*
20   ya las antorchas, que dieron
sol al Soto a media noche;
    ya los cuatro aparadores
con vajillas° variadas;   *dishes*
las cuatro tiendas pobladas
25   de instrumentos y cantores.
    Todo lo sé; y sé que el día
'te halló,° enemiga, en el río;   *came upon*
di agora que es desvarío

---

[140] **con tus cosas** *with all your actions.*

[141] **cuadra** an inner room of the house that was small and square, similar to a drawing room.

[142] **haces dél...** from **hacer caso de** *to pay heed to; to respect.*

[143] **tienes lugar** *you have time enough.*

[144] **tienes tío...** *you have an uncle for me?* You have time enough to stay up all night with someone else, but when I want to talk to you, you bring up your uncle.

de mi loca fantasía.
            Di agora que es libertad
el tratarte° desta suerte,   talk to you
cuando obligan a ofenderte
5   mi agravio° y tu liviandad.°   injury, fickleness

JACINTA.   ¡Plega a Dios!¹⁴⁵

DON JUAN.   Deja invenciones;°   lies
calla, no me digas nada,
que en ofensa averiguada°   proven
10   no sirven satisfaciones.
            Ya, falsa,° ya sé mi daño,   false (ones)
no niegues que te he perdido,
tu mudanza° me ha ofendido,   inconstancy
no me ofende el desengaño.
15   Y aunque niegues° lo que oí,   deny
lo que vi confesarás,
que hoy, lo que negando estás,
en sus mismos ojos vi.°   = don García
            Y su padre, ¿qué quería
20   agora aquí? ¿Qué te dijo?
¿De noche estás con el hijo,
y con el padre de día?
            Yo lo vi; ya mi esperanza
en vano engañar dispones;°   plan
25   ya sé que tus dilaciones
son hijas de tu mudanza.
            Mas, cruel, '¡viven los cielos°   as heaven lives
que no has de vivir contenta!
Abrásate, pues revienta°   explode
30   este vulcán° de mis celos.   volcano
            El que me hace desdichado,¹⁴⁶
te pierda, pues yo te pierdo.

JACINTA.   ¿Tú eres cuerdo?°   all right

DON JUAN.   ¿Cómo cuerdo,
35   amante y desesperado?¹⁴⁷

---

¹⁴⁵ **¡Plega a Dios!** *I swear to God!*
¹⁴⁶ **El que...** *He who makes me miserable.* Don Juan is speaking of Don García.
¹⁴⁷ **¿Cómo cuerdo...** *How can I be all right when I am both in love and in despair?*

JACINTA.   Vuelve,[148] escucha; que si vale
                           la verdad, presto verás
                           cuán mal informado estás.

DON JUAN.   Voyme,° que tu tío sale.   I'm leaving

5   JACINTA.   No sale, escucha, que fío
                           satisfacerte.

DON JUAN.   Es en vano,
                           si aquí no me das la mano.[149]

JACINTA.   ¿La mano? Sale mi tío.

---

[148] **Vuelve** can be used as *resume the thread of a discourse,* i.e. Let's get back to
what we were talking about.
[149] **si aquí...** *If you don't promise to marry me now.*

Acto segundo
[Escena primera]
[Una sala en casa de DON BELTRÁN]
(Salen DON GARCÍA, *en cuerpo,*[1]
leyendo un papel, TRISTÁN *y* CAMINO.*)*

DON GARCÍA [*lee*].   «*La fuerza*° *de una ocasión me hace*   urgency
    exceder del orden° *de mi estado.*   decorum
    Sabrála 'vuestra merced° *esta noche por un balcón,*   your grace
    que le enseñará el portador,[2] *con lo*
    demás, que no es para escrito, y guarde Nuestro Señor. . . »[3]

DON GARCÍA.   ¿Quién este papel me escribe?

CAMINO.   Doña Lucrecia de Luna.

DON GARCÍA.   El alma,° sin duda alguna,   spirit
    que dentro en mi pecho vive.
       ¿No es ésta una dama hermosa,
    que hoy, antes de medio día,
    estaba en la Platería?

CAMINO.   Sí, señor.

DON GARCÍA.   '¡Suerte dichosa!°   blessed luck
    Informadme, por mi vida,
    de las partes° desta dama.   all about

CAMINO.   Mucho admiro que su fama
    esté de vos escondida.
       Porque la habéis visto, dejo°   refrain
    de encarecer° que es hermosa;   emphasizing
    es discreta y virtuosa;
    su padre es viudo° y es viejo;   widower

---

[1] **en cuerpo** Don García enters without a coat.
[2] **el portador** = *the bearer of the note.*
[3] **guarde…** *God Bless you!*, a customary conclusion to a letter.

| | dos mil ducados° de renta°
los que ha de heredar serán,
'bien hechos.° | ducats, income

all right |

DON GARCÍA.   ¿Oyes, Tristán?

5   TRISTÁN.   Oigo, y no 'me descontenta.°   make me unhappy

CAMINO.   En cuanto a ser principal,°   upper class
no hay que hablar; Luna es su padre,
y fue Mendoza su madre,[4]
tan finos[5] como un coral.
10   Doña Lucrecia en efeto
merece un rey por marido.

DON GARCÍA.   ¡Amor, tus alas te pido
para tan alto sujeto!°   person
¿Dónde vive?

15   CAMINO.   A la Victoria.

DON GARCÍA.   Cierto es mi bien.° Que seréis,   good fortune
dice aquí, quien me guiéis
al cielo de tanta gloria.

CAMINO.   Serviros pienso a los dos.[6]

20   DON GARCÍA.   Y yo lo agradeceré.

CAMINO.   Esta noche volveré,
'en dando las diez,° por vos.   at 10:00 o'clock

DON GARCÍA.   Eso le dad por respuesta
a Lucrecia.

25   CAMINO.   A Dios quedad.° (*Vase.*)   God be with you

---

[4] **Luna es...** The Luna and Mendoza families were two of the outstanding families in Spain in Alarcon's time. Alarcón himself was related to the Mendoza family through his mother, Leonor de Mendoza.

[5] **tan finos...** *distinguished* or *superior.*

[6] **Serviros...** *I intend to serve you both.*

[*Escena II*]
[DON GARCÍA, TRISTÁN]

DON GARCÍA.   ¡Cielos! ¿Qué felicidad,°   happiness
                 Amor, qué ventura es ésta?
5   ¿Ves,° Tristán, cómo llamó   consider
                 la más hermosa el cochero
                 a Lucrecia, a quien yo quiero?
                 Que es cierto que quien me habló
                     es la que el papel me envía.°   sent

10 TRISTÁN.   Evidente° presunción.   obvious

DON GARCÍA.   Que la otra, ¿qué ocasión
                 para escribirme tenía?

TRISTÁN.   Y a todo mal suceder,[7]
                 presto de duda° saldrás,   doubt
15   que esta noche la podrás,
                 en la habla, conocer.

DON GARCÍA.   Y que no me engañe es cierto,
                 según° dejó en mi sentido   as
20   impreso° el dulce° sonido   implanted, sweet
                 de la voz con que me ha muerto.

[*Escena III*]
(*Sale un paje con un papel, dalo a* DON GARCÍA.)
[*Dichos*]

25 PAJE.   Éste, señor Don García,
                 es para vos.

DON GARCÍA.   No esté así,[8]

PAJE.   Criado vuestro nací.

DON GARCÍA.   Cúbrase por vida mía.[9]

---

[7] **a todo…** *at the very worst.*
[8] **No esté…** *Don't be like that,* i.e. bareheaded.
[9] **Cúbrase…** *Cover yourself, on my life.* Don García says that the servant does not have to take his hat off, a sign of respect, in order to talk to him.

(*Lee a solas* DON GARCÍA.)

PAPEL.	«Averiguar° cierta cosa	to verify
	importante a solas quiero	
	con vos. A las siete espero	
5	en San Blas.[10] *Don Juan de Sosa.*»	

DON GARCÍA.   ¡Válgame Dios! ¿Desafío?° (*Aparte.*)   duel
¿Qué causa puede tener
don Juan, si yo vine ayer,
y él es tan amigo mío?
10   Decid al señor don Juan
que esto será así.[11]
(*Vase el paje.*)

TRISTÁN.   Señor,
mudado estás de color.[12]
15   '¿Qué ha sido?°   what's happened

DON GARCÍA.   Nada, Tristán.

TRISTÁN.   ¿No puedo saberlo?

DON GARCÍA.   No.

20 TRISTÁN.   Sin duda es cosa pesada.° (*Aparte.*)   weighty

DON GARCÍA.   Dame la capa y espada.°   (*Vase* TRISTÁN)   sword
¿Qué causa le he dado yo?

[Escena IV]
[DON BELTRÁN, DON GARCÍA; *después* TRISTÁN]

25 DON BELTRÁN.   ¿García?. . .

DON GARCÍA.   ¿Señor?…

---

[10] **San Blas…** A shrine to San Blas was built on this site East of Madrid in 1598. It was a well-known, quiet place to settle disputes. Today an observatory is located on the same spot.
[11] **Decid al señor…** *Tell don Juan that I will meet him as requested.*
[12] **mudado estás…** *you have changed color,* you are pale.

DON BELTRÁN.   'Los dos°   the two of us
a caballo hemos de andar
juntos hoy, que he de tratar°   discuss
cierto negocio° con vos.   matter

5   DON GARCÍA.   ¿Mandas otra cosa?[13]
                (Sale TRISTÁN, *y dale de vestir a* DON GARCÍA.*)*

DON BELTRÁN.   ¿A dónde
vais, cuando 'el sol echa fuego?°   it's blazing hot

DON GARCÍA.   Aquí a los trucos me llego[14]
10   de nuestro vecino el Conde.°   count

DON BELTRÁN.   No apruebo que os arrojéis,°   rush around
siendo venido[15] de ayer,
a daros a conocer°   meet
a mil que no conocéis.
15   Si no es que dos condiciones
guardéis con mucho cuidado,
y son: que juguéis contado,[16]
y habléis contadas razones.[17]
              Puesto que mi parecer
20   es éste, haced vuestro gusto.°   pleasure

DON GARCÍA.   Seguir tu consejo° es justo.°   advice, right

DON BELTRÁN.   Haced que a vuestro placer
              aderezo se prevenga
              a un caballo para vos.[18]

25   DON GARCÍA   A ordenallo voy. *(Vase.)*

---

[13] **¿Mandas…** *Another discussion? What now?*
[14] **a los trucos…** An Italian game called "truck," which is similar to billiards, but played on a longer table which has three holes at each end in addition to the holes at the corners. The ball is about the size of a tennis ball and the tack, or stick, is larger than a billiard cue, with metal at each end.
[15] **siendo venido** having just arrived.
[16] **que juguéis…** *you gamble with cash in your hand* i.e. do not incur gambling debts.
[17] **habléis contadas…** *you speak with uncommon reason.*
[18] **Haced que a…** *Make sure a horse is saddled and ready for you.*

DON BELTRÁN.   A Dios.

[Escena V]
[DON BELTRÁN, TRISTÁN]

¡Que tan sin gusto me tenga, *(Aparte.)*
5   lo que su ayo me dijo![19]
¿Has andado° con García,   have you been
Tristán?

TRISTÁN.   Señor, todo el día.

DON BELTRÁN. 'Sin mirar en° que es mi hijo,   not considering
10   si es que el 'ánimo fiel°   faithful spirit
que siempre en tu pecho he hallado,
agora no te ha faltado,
'me di° lo que sientes° dél.   **dime**

TRISTÁN.   ¿Qué puedo yo haber sentido
15 en un término° tan breve?   period of time

DON BELTRÁN. Tu lengua es quien no se atreve
que el tiempo bastante° ha sido,   enough
        y más a tu entendimiento.[20]
Dímelo, por vida mía,
20 sin lisonja.

TRISTÁN.   Don García,
mi señor, a lo que siento,
        que he de decirte verdad,
pues que tu vida has jurado…

25 DON BELTRÁN. De esa suerte has obligado
siempre a mí tu voluntad.

TRISTÁN.   …Tiene un ingenio° excelente   wit
con pensamientos sutiles,°   subtle
mas caprichos° juveniles   fancies
30 con arrogancia imprudente.
        De Salamanca reboza

---

[19] **¡Qué tan sin…** . *What his tutor told me has me so upset!*
[20] **a tu…** *for someone as smart as you are.*

la leche,[21] y tiene en los labios
los contagiosos° resabios   contagious
de aquella caterva° moza.°   crowd, young
   Aquel hablar arrojado,
5   mentir 'sin recato° y modo,°   recklessly, measure
aquel jactarse° de todo,   boast
y hacerse en todo extremado. . .°   extravagant
   Hoy, en término de un hora,
echó° cinco o seis mentiras.   uttered

10 DON BELTRÁN. ¡Válgame Dios!

TRISTÁN.   ¿Qué te admiras?°   amazed about
pues lo peor falta agora;[22]
   que son tales, que podrá
cogerle° en ellas° cualquiera.   catch, = **mentiras**

15 DON BELTRÁN. ¡Ah Dios!

TRISTÁN.   Yo no te dijera
lo que tal pena te da,
   a no ser de ti forzado.[23]

DON BELTRÁN. Tu fe conozco, y tu amor.

20 TRISTÁN. A tu prudencia, señor,
advertir será excusado
   el riesgo[24] que correr puedo,
si esto sabe Don García,
mi señor.

25 DON BELTRÁN.   De mí confía,
pierde, Tristán, todo el miedo.°   fear
   Manda luego aderezar°   saddle

---

[21] **De Salamanca…** *Milk overflows from Salamanca.* The sense is that the University of Salamanca was Don García's wetnurse, the rich source of his sustenance. The word **rebozar** is interpreted as **rebosar**, to overflow.

[22] **lo peor…** *the worst is yet to come.*

[23] **Yo no te dijera…** *I wouldn't have said anything to cause you pain, if you had not forced me.*

[24] **A tu prudencia…** *To your discretion, sir, bear in mind that the risk will be useless.*

los caballos. *(Vase* TRISTÁN*)*

[*Escena* VI]
[DON BELTRÁN]

      Santo Dios,
pues esto permitís vos,
esto debe de importar.
      ¿A un hijo solo, a un consuelo°   comfort
que en la tierra le quedó
a mi vejez° triste,° dio   old age, sad
tan gran contrapeso[25] el cielo?
      Ahora bien, siempre tuvieron
los padres disgustos° tales,°   griefs, such
siempre vieron muchos males
los que mucha edad vivieron.
      ¡Paciencia! Hoy he de acabar,°   finish
si puedo, su casamiento.
Con la brevedad° intento   promptness
este daño remediar,
      antes que su liviandad,°   lack of honor
en la Corte conocida,
los casamientos le impida
que pide su calidad.[26]
      'Por dicha,° con el cuidado   fortunately
que tal estado[27] acarrea,°   causes
de una costumbre tan fea
se vendrá haber enmendado.
      Que es vano pensar que son
el reñir y aconsejar°   advising
bastantes para quitar
una fuerte inclinación.
      (Sale TRISTÁN.)

---

[25] **contrapeso** *counterweight*, a weight equal to another, which is used for balance, also any force or event which puts things in balance. Here, the importance of Don Beltrán's consolation in his only son is counterbalanced by that son's human flaw, his habit of lying.

[26] **antes que…** Don Beltrán wants to marry his son off before his untruthfulness is well known in the court, as it would prevent him from marrying well in the future.

[27] **tal estado** *such estate*, in this case, marriage.

[*Escena VII*]
[DON BELTRÁN, TRISTÁN]

TRISTÁN.   Ya los caballos están,
                           viendo que salir procuras,°   desire
5   probando° las herraduras°   testing, horse shoes
                           en las guijas° del zaguán.°   cobblestones, entry
                                Porque, con las esperanzas   way
                           de tan gran fiesta, el overo°   roan horse
                           a solas está primero
10   ensayando° sus mudanzas.°   trying, paces
                                Y el bayo,° que ser procura°   bay, seeks
                           émulo° al dueño que lleva,   rival
                           estudia con alma nueva
                           movimiento y compostura.°   style

15   DON BELTRÁN.   Avisa,° pues, a García.   give notice

     TRISTÁN.   Ya te espera tan galán,
                          que en la Corte pensarán
                          que a estas horas sale el día.²⁸ (*Vanse.*)

                                [*Escena VIII*]
20   [*Una sala en casa de don Sancho*]
                        (*Sale* ISABEL, *y* JACINTA)

     ISABEL.   La pluma° tomó al momento   pen
                          Lucrecia, en ejecución
                          de tu agudo° pensamiento,   clever
25   y esta noche en su balcón,
                          para tratar cierto intento,
                               le escribió que aguardaría,°   wait
                          para que puedas en él°   **el** *balcón*
                          platicar° con Don García,   talk
30   Camino llevó el papel,
                          persona de quien se fía.

     JACINTA.   Mucho Lucrecia me obliga.

     ISABEL.   Muestra° en cualquier ocasión   proves
                          ser tu verdadera° amiga.   true

²⁸ **que a estas horas...** *that he brings a new day.*

JACINTA.	¿Es tarde?	

ISABEL.	Las cinco son.	

JACINTA.   Aun durmiendo me fatiga
        la memoria de don Juan,
5   que esta siesta 'le he soñado°   I have dreamed of
    celoso de otro galán.   him
    (Miran adentro.)

ISABEL.   ¡Ay, señora! ¡Don Beltrán,
    y el Perulero a su lado!

10 JACINTA.   ¿Qué dices?

ISABEL.   Digo que aquel,
    que hoy te habló en la Platería,
    viene a caballo con él.
    ¡Mírale!

15 JACINTA.   ¡Por vida mía
    que dices verdad, que es él!
        ¿Hay tal? ¿Cómo el embustero°   imposter
    'se nos fingió° Perulero,   pretended to us to be
    si es hijo de Don Beltrán?

20 ISABEL.   Los que intentan,° siempre dan   are courting
    'gran presunción° al dinero,   false importance
        y con ese medio hallar
    entrada en tu pecho quiso,
    que debió de imaginar
25   que aquí le ha de aprovechar°   to be an advantage
    más ser Midas, que Narciso.[29]

JACINTA.   En decir° que ha que me vio   in stating

---

[29] **más ser Midas…** When he pretended to be a *Perulero*, Don García convinced the
women that he considered money more important to courting than being handsome.
In legend, Midas was the king of Phrygia who was granted his greedy request that
what he touched might turn to gold. According to Greek mythology, Narcissus was
the son of Cephisus who saw his own reflection in a fountain. He fell in and drowned
as he tried to pursue the beautiful image. The nymphs came to bury his body, but
found instead a beautiful flower, which now bears his name.

<blockquote>
un año,[30] también mintió,
porque Don Beltrán me dijo
que ayer a Madrid su hijo
de Salamanca llegó.
</blockquote>

5 ISABEL.

<blockquote>
Si bien lo miras, señora,
todo verdad puede ser,
que entonces te pudo ver,
'irse de° Madrid, y agora   *leave*
de Salamanca volver.
</blockquote>

10

<blockquote>
'Y cuando no,° ¿qué te admira   *even if not*
que, quien a obligar° aspira   *win*
prendas de tanto valor,
para acreditar° su amor,   *prove*
'se valga de° una mentira?   *makes use of*
</blockquote>

15

<blockquote>
Demás que tengo por llano,[31]
si no miente mi sospecha,
que no lo[32] encarece en vano,
que hablarte hoy su padre, es flecha
que ha salido de su mano.[33]
</blockquote>

20

<blockquote>
No ha sido, señora mía,
acaso,° que el mismo día   *chance*
que él te vio, y mostró° quererte,   *showed*
venga su padre a ofrecerte
por esposo a Don García.
</blockquote>

25 JACINTA.

<blockquote>
Dices bien, mas imagino
que el término que pasó
desde que el hijo me habló
hasta que su padre vino,
fue muy breve.
</blockquote>

30 ISABEL.

<blockquote>
Él conoció°   *recognized*
quién eres, encontraría
su padre en la Platería,
hablóle, y él, que 'no ignora°   *is not ignorant of*
tus calidades,° y adora   *qualities*
</blockquote>

---

[30] **que ha que me...** *that he saw me a year ago.*
[31] **Demás que...** *Moreover, I consider it evident that.*
[32] **lo** = *it*, which refers to his love.
[33] **que hablarte...** *that his father talking to you today is an arrow shot by his hand.* Don García is behind the proposal made by Don Beltrán.

justamente a Don García,
vino a tratarlo° 'al momento.°   to arrange it, at once

JACINTA.   Al fin, como fuere sea,³⁴
5   de sus partes° 'me contento,°   circumstances, I'm
                quiere el padre, él me desea;   satisfied
                da por hecho el casamiento.³⁵ *(Vanse.)*

[Escena IX]
[Paseo de Atocha]
(Salen DON BELTRÁN *y* DON GARCÍA.)

10 DON BELTRÁN.   ¿Qué os parece?³⁶

DON GARCÍA.   Que animal
                no vi mejor en mi vida.

DON BELTRÁN. ¡Linda° bestia!   beautiful

DON GARCÍA.   Corregida,°   trained
15   de espíritu racional,°   gentle
                ¡qué contento° y bizarría°!   good disposition,
                                                                   spirit

DON BELTRÁN. Vuestro hermano don Gabriel,
                que perdone Dios,³⁷ en él°   el *caballo*
                todo su gusto tenía.

20 DON GARCÍA.   Ya que convida,° señor,   is inviting
                de Atocha³⁸ la soledad,°   solitude
                declara tu voluntad.

---

³⁴ **como fuere sea...** *what will be, will be.*
³⁵ **da por hecho...** *consider the marriage* [arrangement] *done.*
³⁶ **¿Qué os parece?** *What are you thinking?*
³⁷ **que perdone Dios** *may God perdon him.* This phrase was used to refer to someone who had died, and was similar to "May he rest in peace." Don Beltrán is speaking of his older son, don Gabriel.
³⁸ **Atocha** A popular street in Madrid full of shops such as Juan de la Cuesta's press, which published the first section of Cervantes' masterpiece *Don Quijote de la Mancha* in 1605, just a few years before this play was written. The Basilica of Our Lady of Atocha, founded in 1523, is still standing today, and is currently under process of restoration. Don Beltrán and Don García are approaching the church.

DON BELTRÁN.   Mi pena, diréis mejor.
      ¿Sois caballero,° García?   gentleman

DON GARCÍA.   Téngome por[39] hijo vuestro.

DON BELTRÁN.   ¿Y basta ser hijo mío,
5   para ser vos caballero?

DON GARCÍA.   Yo pienso, señor, que sí.

DON BELTRÁN.   ¡Qué engañado° pensamiento!   mistaken
      Sólo consiste, en obrar°   acting
      como caballero, el serlo.
10   ¿Quién dio principio[40] a las casas
      nobles? Los ilustres hechos°   deeds
      de sus primeros autores.
      Sin mirar sus nacimientos,°   births
      hazañas° de hombres humildes°   deeds, humble
15   honraron sus herederos.°   heirs
      Luego en obrar mal o bien,
      está el ser malo o ser bueno.[41]
      ¿Es así?

DON GARCÍA.   Que las hazañas
20   den nobleza,° no lo niego;   nobility
      mas no neguéis que sin ellas
      también la° da el nacimiento.   **la** *nobleza*

DON BELTRÁN.   Pues si honor puede ganar
      quien nació sin él, ¿no es cierto
25   que, por el contrario, puede,
      quien con él nació, perdello?°   lose it (honor)

DON GARCÍA.   Es verdad.

DON BELTRÁN.   Luego si vos
      obráis afrentosos° hechos,   disgraceful
30   aunque seáis hijo mío,

---

[39] **Téngome por…** *I consider myself.*
[40] **¿Quién dio…** *Who began.*
[41] **Luego en obrar…** *Then acting bad or acting good is the same as being bad or being good.*

	dejáis de ser caballero;[42]	
	luego si vuestras costumbres°	habits
	'os infaman° en el pueblo,	cause you dishonor
	no importan paternas armas,°	coat-of-arms
5	no sirven 'altos abuelos.°	high-born ancestors
	¿Qué cosa es que la fama°	reports
	diga a mis oídos mesmos°	my own
	que a Salamanca admiraron	
	vuestras mentiras y enredos?°	deceits
10	¡Qué caballero, y qué nada![43]	
	Si afrenta al noble y plebeyo°	commoner
	sólo el decirle que miente,	
	decid, ¿qué será el hacerlo?	
	Si vivo sin honra yo,	
15	según los humanos fueros,°	laws
	mientras de aquel que me dijo	
	que mentía, no me vengo.°	yield
	¿Tan larga tenéis la espada,	
	tan duro tenéis el pecho,	
20	que penseis poder vengaros,°	avenge yourself
	diciéndolo[44] todo el pueblo?	
	¿Posible es que tenga un hombre	
	tan humildes pensamientos,	
	que viva sujeto al vicio	
25	mas sin gusto y sin provecho?°	advantage
	El deleite° natural	gratification
	tiene a los lascivos° presos,°	lustful, prisoners
	obliga° a los cudiciosos°	compels, greedy
	el poder que da el dinero;	
30	el gusto de los manjares°	foods
	al glotón; el pasatiempo	
	y el cebo° de la ganancia°	incentive, gain
	a los que cursan° el juego;	frequent
	su venganza° al homicida;°	revenge, murderer
35	al robador su remedio;°	loot
	la fama y la presunción	
	al que es por la espada inquieto.	
	Todos los vicios, al fin,	

[42] **dejáis de ser caballero** *you cease being a gentleman.*

[43] **¡Qué caballero…** *What a gentleman and what nonsense!*, an exclamation of frustration.

[44] **diciéndolo** *telling it*, the **lo** means, the fact that you are a liar.

o dan gusto, o dan provecho;
mas de mentir, ¿qué se saca
sino infamia y menosprecio?°   contempt

5   DON GARCÍA.   Quien dice que miento yo,
ha mentido.

DON BELTRÁN.   También eso
es mentir, que aun desmentir°   contradicting
no sabéis, sino mintiendo.

10 DON GARCÍA.   Pues si dais en no creerme...[45]

DON BELTRÁN.   ¿No seré necio° si creo   foolish
que vos decís verdad solo,
y miente el lugar° entero?   town
15   Lo que importa es desmentir
esta fama° con los hechos,   reputation
pensar que éste es otro mundo,[46]
hablar poco y verdadero,
mirar que estáis a la vista
20   de un Rey tan santo y perfeto,[47]
que vuestros yerros° no pueden   faults
hallar disculpa° en sus yerros,   excuse
que tratáis aquí con grandes,
títulos, y caballeros,[48]
25   que si os saben la flaqueza,°   weakness
os perderán el respeto;°   respect
que tenéis barba° en el rostro,   beard
que al lado ceñís° acero,°   wear, sword
que nacistes noble al fin,

[45] **Pues si...** *Well, if you persist in not believing me.*
[46] **pensar que...** *to consider this another world.* Don García needs to remember that he is now in Madrid, not at the university.
[47] **un Rey tan...** This is a reference to Felipe III, son of Felipe II and Anna of Austria (b.1578-d.1621). He was known to be both pious and virtuous, however, he proved himself to be an ineffective king. This reference to a historical figure helps to date the setting of the play.
[48] **grandes...** There were three classifications of members of the court: a **grande**, or grandee was a Spanish nobleman who received the highest rank; **títulos** were people who held titles such as duke, duchess, count, countess, marquis or marquise; and a **caballero** was a man who was chosen by the king for the order of knighthood or **caballería**.

y que yo soy padre vuestro.
Y no he de deciros más;
que esta sofrenada° espero   reprimand
que baste para quien tiene
5   calidad y entendimiento.°   understand
Y agora, porque entendáis
que en vuestro bien 'me desvelo,°   I'm vigilant
sabed que os tengo, García,
tratado un gran casamiento.

10   DON GARCÍA.   ¡Ay mi Lucrecia! *(Aparte.)*

DON BELTRÁN.   Jamás
pusieron, hijo, los Cielos,
tantas, tan divinas partes
en un humano sujeto,
15   como en Jacinta, la hija
de don Fernando Pacheco,
de quien mi vejez pretende
tener regalados° nietos.°   delightful, grand-
                                                              children

DON GARCÍA.   ¡Ay Lucrecia! Si es posible, *(Aparte.)*
20   tú sola has de ser mi dueño.

DON BELTRÁN.   ¿Qué es esto? ¿No respondéis?

DON GARCÍA.   Tuyo he de ser, ¡Vive el Cielo! *(Aparte.)*

DON BELTRÁN.   ¡Que os entristecéis!° Hablad,   makes you sad
                   no me tengáis más suspenso.

25   DON GARCÍA.   Entristézcome, porque es
                   imposible obedeceros.

DON BELTRÁN.   ¿Por qué?

DON GARCÍA.   Porque soy casado.

DON BELTRÁN.   ¿Casado? ¡Cielos! ¿Qué es esto?;
30   ¿Cómo, sin saberlo yo?

DON GARCÍA.   Fue fuerza, y está secreto.

Don Beltrán.	¿Hay padre más desdichado?°	unhappy
Don García.	No os aflijáis,° que en sabiendo	be distressed
	la causa, señor, tendréis	
	por venturoso° el efeto.	happy
5 Don Beltrán.	Acabad, pues, que mi vida	
	pende° sólo de un cabello.°	hangs, hair
Don García.	Agora os he menester, *(Aparte.)*	
	sutilezas° de mi ingenio.°	subtleness, genius
10	En Salamanca, señor	
	hay un caballero noble	
	de quien es la alcuña° Herrera,	lineage
	y don Pedro el propio nombre.	
	A éste dio el Cielo otro cielo	
15	por hija, pues con dos soles°	suns
	sus dos purpúreas mejillas	
	hace[n] claros horizontes.[49]	
	Abrevio,° 'por ir al caso,°	cut short, get to the point; gifts
	con decir que cuantas dotes°	
20	pudo dar naturaleza°	nature
	en 'tierna edad° 'la componen.°	tender age, adorn her
	Mas la enemiga fortuna,	
	observante en su desorden,°	excess
	a sus méritos opuesta,°	opposed
25	de sus bienes la hizo pobre.	
	Que, demás de que su casa	
	no es tan rica como noble,	
	al mayorazgo nacieron,	
	antes que ella, dos varones.°	sons
30	A ésta, pues, saliendo al río,	
	la vi una tarde en su coche,	
	que juzgara° el de Faetón,[50]	I might judge

[49] **A éste dio…** *To this man* [don Pedro] *heaven itself gave another heaven as a daughter, certainly her rosy cheeks make bright horizons for her two suns* [her eyes].

[50] **Faetón** In mythology, Phæton, the son of Helius and Clymene drives the magnificent chariot of the sun for one day. Due to his inexperience, he drives the chariot too high and creates too much heat on the earth. Jupiter destroys the chariot with thunder and lightning, causing Phaeton to crash and die in the River Eridanus.

si fuese Erídano el Tormes.[51]
No sé quién los atributos°   symbol
del fuego en Cupido[52] pone,
que yo de un súbito° hielo   sudden chill
5   me sentí ocupar° entonces.   took posession of
¿Qué tienen que ver del fuego
las inquietudes y ardores°   passions
'con quedar absorta° un alma?   strike with amaze-
¿con quedar un cuerpo° inmóvil?   ment; body
10 Caso fue verla forzoso;
viéndola cegar° de amores,   blinded
pues, abrasado,° seguirla,   so in love
júzguelo un pecho de bronce.[53]
Pasé su calle de día,
15 rondé° su puerta de noche,   haunted
con terceros° y papeles   go-between
le encarecí mis pasiones,
hasta que al fin condolida°   touched
o enamorada, responde,
20 porque también tiene Amor
jurisdicción en los dioses.
Fui acrecentando° finezas°   increasing, attentions
y ella aumentando favores,
hasta ponerme en el cielo
25 de su aposento° una noche.   room
Y, cuando solicitaban°   were seeking
el fin de mi pena enorme,
conquistando honestidades
mis ardientes pretensiones,°   pleas
30 siento° que su padre viene   hear
a su aposento: llamóle
(porque jamás tal hacía)[54]
mi fortuna° aquella noche.   *mala* fortuna
Ella, turbada,° animosa,°   alarmed, courageous
35 ¡mujer al fin! a empellones°   pushes
mi casi difunto° cuerpo   deceased

---

[51] **Erídano...** The river Eridanus flowed through the mythological underworld.
It is associated with the River Po. The Tormes River flows through Salamanca
and southward until it joins the Tajo, the longest river in Spain.

[52] **Cupido** *Cupid*, In Roman mythology, the god of love, and a son of Venus.

[53] **júzguelo...** *let a hard-hearted person judge it.*

[54] **(porque jamás...** *because he never did such a thing.*

'detrás de° su lecho° esconde.	behind, bed
Llegó don Pedro, y su hija,	
fingiendo° gusto, abrazóle,	pretending
por negarle° el rostro, 'en tanto	
5 que° cobraba° sus colores.°	while, recovered, natural color; sat down
Asentáronse° los dos,	
y él, con prudentes razones,	
le propuso un casamiento	
con uno de los Monroys.	
10 Ella, honesta como cauta,°	cautious
de tal suerte[55] le responde	
que ni a su padre resista	
ni a mí, que la escucho, enoje.°	anger
Despidiéronse° con esto,	parted
15 y, cuando ya casi pone	
en el umbral° de la puerta	threshold
el viejo los pies, entonces…	
(¡mal haya amén,[56] el primero	
que fue inventor de relojes!)	
20 Uno que llevaba yo,	
a 'dar comenzó° las doce.	began to strike
Oyólo don Pedro, y vuelto°	turned
hacia su hija; «¿De dónde	
vino ese reloj?» Le dijo.	
25 Ella respondió: «Envióle,	
para que se le aderecen,°	fix
mi primo° don Diego Ponce,	cousin
por no haber en su lugar	
relojero° ni relojes.»	watchmaker
30 «Dádmele,» dijo su padre,	
«porque yo ese cargo° tome.»	job
Pues entonces doña Sancha,	
(que éste es de la dama el nombre),	
a quitármele° del pecho,	take it off me
35 cauta y prevenida° corre,	prudent
antes que llegar él mismo	
a su padre se le antoje.°	occurred
Quitémele yo, y al darle,	

---

[55] **de tal suerte** *in such a way.*

[56] **¡mal haya amén!** *cursed be* A common curse used in classical Spanish literature.

quiso la suerte[57] que toquen
a una pistola,[58] que tengo
en la mano, los cordones.[59]
Cayó el gatillo,° 'dio fuego,°   trigger, went off
al tronido° desmayóse°   loud noise, fainted
doña Sancha, alborotado°   excited
el viejo empezó a 'dar voces.°   shout
Yo, viendo el cielo en el suelo,
y eclipsados sus dos soles,[60]
juzgué sin duda por muerta
la vida de mis acciones,
pensando que cometieron
sacrilegio tan enorme,
del plomo° de mi pistola,   lead
los breves volantes orbes.[61]
Con esto, pues, despechado,°   desperate
saqué rabioso° el estoque,°   mad, sword
fueran pocos para mí,
en tal ocasión, mil hombres.
A impedirme la salida,
como dos bravos leones,°   lions
con sus armas sus hermanos
y sus criados se oponen;
mas, aunque fácil por todos
mi espada y mi furia rompen,
no hay fuerza humana que impida
fatales disposiciones,[62]
pues, al salir por la puerta,
como iba arrimado,° asióme   close
la alcayata° de la aldaba°   hook, knocker
por los tiros° del estoque,°   straps, sword-belt
Aquí, para desasirme,°   free myself

[57] **quiso la suerte** *as luck would have it.*
[58] **pistola** Alarcón heightened the comic effect here by having Don García wield a pistol, which **caballeros** did not carry and which also was prohibited by law in the city.
[59] **que toquen…** It seems that, as he was handing doña Sancha the watch, cords attached to the watch somehow tangled around the trigger of the pistol he also had in his hand.
[60] **y eclipsados…** *and her two suns eclipsed,* her eyes closed.
[61] **los breves…** *sudden flying orbs,* the balls of lead from his pistol.
[62] **no hay fuerza humana…** *there is no human force that can prevent the determinations of fate.*

fue fuerza que atrás° me torne   behind
y, 'entre tanto,° mis contrarios,   in the meantime
muros° de espadas me oponen.   walls
En esto 'cobró su acuerdo°   recovered con-
5 Sancha, y para que se estorbe°   sciousness; prevent
el triste fin que prometen
estos sucesos atroces,°   terrible
la puerta cerró, animosa°   bravely
del aposento, y dejóme
10 a mí con ella encerrado,
y fuera° a mis agresores.°   outside, assailants
Arrimamos° a la puerta   piled against
baúles,° arcas,° y cofres,°   trunks, chests, boxes
que al fin son de ardientes iras°   anger
15 remedio° las dilaciones.   remedy
Quisimos hacernos fuertes,
mas mis contrarios feroces°   fierce
ya la pared me derriban°   tore down
y ya la puerta me rompen.
20 Yo, viendo que, aunque dilate,°   might delay
no es posible que revoque°   revoke
la sentencia de enemigos
tan agraviados y nobles,
viendo a mi lado la hermosa
25 de mis desdichas° consorte,°   misfortunes, partner
y que hurtaba° a sus mejillas   was robbing
el temor sus arreboles,
viendo cuán sin culpa suya
conmigo fortuna corre,
30 pues, con industria deshace°   undo
cuanto los hados° disponen,°   fates, arrange
por dar premio° a sus lealtades,°   reward, loyalties
por dar fin a sus temores,
por dar remedio a mi muerte,
35 y dar muerte a más pasiones,
hube de darme a partido,[63]
y pedirles que conformen
con la unión de nuestras sangres,°   blood
tan sangrientas° disensiones.°   bloody, difference
40 Ellos, que ven el peligro,°   danger
y mi calidad° conocen,   nobility

---

[63] **hube de…** I had to yield.

lo aceptan, después de estar
un rato entre sí discordes.°   *in disagreement*
Partió a dar cuenta al Obispo
su padre,[64] y volvió con orden
5   de que el desposorio° pueda   *wedding*
hacer cualquier sacerdote.°   *priest*
Hízose y en dulce paz
la mortal guerra trocóse,°   *changed*
dándote la mejor nuera°   *daughter-in-law*
10   que nació del Sur al Norte.
Mas en que tú no lo sepas
quedamos todos conformes,°   *agreeable*
por no ser con gusto tuyo,
y por ser mi esposa pobre;
15   pero, ya que fue forzoso
saberlo, mira si escoges°   *choose*
por mejor tenerme muerto,
que vivo, y con mujer noble.

20 DON BELTRÁN.   Las circunstancias del caso
son tales, que se conoce
que la fuerza° de la suerte   *power*
te destinó esa consorte,°   *wife*
y así no te culpo° en más,   *blame*
25   que en callármelo.°   *remaining silent*

    DON GARCÍA.   Temores
de darte pesar,° señor,   *grief*
me obligaron.

30 DON BELTRÁN.   Si es tan noble,
¿qué importa que pobre sea?
¡Cuánto es peor que lo ignore,
para que, habiendo empeñado°   *pledged*
mi palabra, agora torne°   *return*
35   con eso[65] a doña Jacinta!
¡Mira en qué lance° me pones!   *situation*
Toma el caballo, y temprano,
por mi vida, 'te recoge:°   *come home*
porque de espacio° tratemos   *slowly*

---

[64] **Partió a dar…** *Her father left to give an account to the Bishop.*
[65] **con eso** refers to the fact that Don García said he was already married.

de tus cosas esta noche. *(Vase.)*

DON GARCÍA.   Iré a obedecerte al punto
que toquen las oraciones.[66]

[Escena X]
*[*DON GARCÍA*]*

Dichosamente° se ha hecho.   happily
Persuadido el viejo va,
ya del mentir no dirá
que es sin gusto y sin provecho;°   profit
    pues es tan notorio° gusto   clear
el ver que me haya creído,
y provecho haber huido°   to have escaped
de casarme a mi disgusto.
    ¡Bueno fue reñir conmigo
porque en cuanto digo miento;
y dar crédito al momento
a cuantas mentiras digo![67]
    ¡Qué fácil de persuadir,
quien tiene amor, suele ser!
Y ¡qué fácil en creer,
el que no sabe mentir!
    Mas ya me aguarda don Juan…
¡Hola! Llevad° el caballo.   hold
    (A uno que está dentro.)
Tan terribles cosas hallo
que sucediéndome van,
    que pienso que desvarío°   madness
vine ayer y, en un momento
tengo amor y casamiento,
y causa de desafío.°   challenge
    (Sale DON JUAN.*)*

---

[66] **al punto que…** *as soon as the church bells ring to call for prayers.*

[67] **y dar crédito…** *It was great to scold me because I lie, and then give credit to the moment in which I told so many lies.* Don García realized what a good liar he was when his father believed the biggest lie he had told so far, the story of his marriage to doña Sancha, especially after Don Beltrán had just scolded him for lying.

[Escena XI]
[DON GARCÍA, DON JUAN]

DON JUAN.   Como quien sois lo habéis hecho,
                   Don García.[68]

5 DON GARCÍA.   ¿Quién podía,
                   sabiendo la sangre mía,
                   pensar menos de mi pecho?
                        Mas vamos, don Juan, al caso
                   porque llamado me habéis.
10   Decid, ¿qué causa tenéis,
                   (que por sabella me abraso)[69]
                        de hacer este desafío?

   DON JUAN.   Esa dama, a quien hicistes,°   you gave
                   conforme° vos me dijistes,   according to what
15   anoche fiesta en el río,
                        es causa de mi tormento,
                   y es con quien, dos años ha[70]
                   que, aunque se dilata, está
                   tratado mi casamiento.
20   Vos, ha un mes que estáis aquí,
                   y de eso, como de estar
                   encubierto° en el lugar   concealed
                   todo ese tiempo de mí,
                        colijo° que, habiendo sido   I gather
25   tan público mi cuidado,°   love affair
                   vos no lo habéis ignorado,[71]
                   y así me habéis ofendido.
                        Con esto que he dicho, digo
                   cuanto tengo que decir,
30   y es que, o 'no habéis de seguir°   must not follow
                   'el bien° que ha tanto que sigo,   the treasure
                        o, si acaso,° os pareciere°   if
                   mi petición mal fundada,
                   se remita aquí a la espada,

---

[68] **Como quien...** *You are a man of your word, Don García.*
[69] **(que...** *I'm dying to know.*
[70] **dos años ha** *two years ago.*
[71] **vos no lo...** *you haven't been ignorant of it.*

y la sirva el que venciere.[72]

DON GARCÍA. Pésame que sin estar
del caso bien informado,
os hayáis determinado
a sacarme° a este lugar.   bring me
  La dama, don Juan de Sosa,
de mi fiesta, ¡vive Dios!
que ni la habéis visto vos,
ni puede ser vuestra esposa,
 que es casada esta mujer,
y ha tan poco que llegó
a Madrid, que sólo yo
sé que la he podido ver.
 Y cuando ésa hubiera sido,
de no verla más os doy
palabra, como quien soy,
o quedar por fementido.°   liar

DON JUAN. Con eso se aseguró
la sospecha de mi pecho,
y he quedado satisfecho.

DON GARCÍA. Falta que lo quede yo,
 que haberme desafiado°   challenged
no se ha de quedar así.
Libre fue el sacarme aquí,
mas, habiéndome sacado,
 me obligastes, y es forzoso,
puesto que tengo de hacer
como quien soy, no volver
sino muerto o victorioso.

DON JUAN. Pensad, aunque a mis desvelos° anxieties
hayáis satisfecho así,
que aún deja cólera° en mí   anger
la memoria de mis celos.
  (*Sacan las espadas y acuchíllanse.*)

[*Escena XII*]
(*Sale* DON FÉLIX, [*Dichos*].)

---

[72] **y la sirva...** *and he who wins will court her.*

DON FÉLIX.	Deténganse, caballeros, que estoy aquí yo.	

DON GARCÍA.   ¡Que venga
agora quien me detenga!⁷³

5   DON FÉLIX.   Vestid los fuertes aceros,⁷⁴
                     que fue falsa la ocasión
             desta pendencia.°   quarrel

DON JUAN.   Ya había
           dícholo así Don García,
10   pero, por la obligación
                    en que pone el desafío,
          desnudó° el valiente acero.   drew

DON FÉLIX.   Hizo como caballero
           de tanto valor y brío.°   courage
15   Y pues bien quedado habéis⁷⁵
          con esto, merezca yo,
          que,⁷⁶ a quien de celoso erró,°
          perdón y la mano deis.
            (Danse las manos.)

20   DON GARCÍA.   Ello es justo, y lo mandáis,°   demand
          mas mirad de aquí adelante,
          en caso tan importante,
          don Juan, cómo os arrojáis.
                  Todo lo habéis de intentar°   try
25   primero que el desafío,
          que empezar es desvarío
          por donde se ha de acabar. *(Vase.)*

                 [Escena XIII]
            [DON JUAN, DON FÉLIX]

30   DON FÉLIX.   Extraña° ventura ha sido   strange
          haber yo 'a tiempo° llegado.   on time

---

⁷³ **¡Qué venga…** *No one can stop me now!*
⁷⁴ **Vestid…** *Sheath your able swords.*
⁷⁵ **bien quedado…** *you have made a good showing.*
⁷⁶ **merezca…** *may I merit that,* promise me that.

DON JUAN.	¿Que en efeto me he engañado?	

DON FÉLIX. Sí.

DON JUAN.   ¿De quién lo habéis sabido?

DON FÉLIX.   Súpelo° de un escudero°   I found out, page
5   de Lucrecia.

DON JUAN.   Decid pues,
                   ¿cómo fue?

DON FÉLIX.   La verdad es,
                  que fue el coche y el cochero
10   de doña Jacinta anoche
                  al Sotillo, y que tuvieron
                  gran fiesta las que en él fueron;
                  pero fue prestado° el coche.   borrowed
                        Y 'el caso fue,° que a las horas   the point was
15   que fue a ver Jacinta bella
                  a Lucrecia, ya con ella
                  estaban las matadoras,
                        las dos primas de la quinta.[77]

DON JUAN.   ¿Las que en el Carmen[78] vivieron?

20 DON FÉLIX.   Sí, pues ellas le pidieron°   asked to borrow
                  el coche a doña Jacinta,
                        y en él, con la oscura noche,
                  fueron al río las dos.
                  Pues vuestro paje, a quien vos
25   dejastes° siguiendo el coche,   ceased
                        como en él dos damas vio
                  entrar cuando anochecía,°   it grew dark
                  y noticia° no tenía   information
                  de otra visita, creyó
30   ser Jacinta la que entraba,

[77] **ya con ella…** *the mankillers were with her, two cousins from the country*. The
words **matadora**, **prima**, and **quinta** also refer to high cards.
[78] **Carmen** a street in Madrid which runs from the Puerta del Sol to the Plaza de
Callao. It was named for the convent of Our Lady of Carmen, which still stands.
today.

          y Lucrecia.

DON JUAN.   Justamente.

DON FÉLIX.   Siguió el coche diligente,
              y, cuando en el Soto estaba,

5   entre la música y cena
              lo dejó y volvió a buscaros°   look for you
              a Madrid, y fue el no hallaros
              ocasión de tanta pena;
                 porque yendo° vos allá,   going

10   se deshiciera el engaño.

DON JUAN.   En eso estuvo mi daño,
              mas tanto gusto me da
                 el saber que me engañé,

15   que doy° por bien empleado°   consider, spent
              el disgusto que he pasado.

DON FÉLIX.   Otra cosa averigüé°   found out
                 que es bien graciosa.°   amusing

DON JUAN.   Decid.

20 **DON FÉLIX.**   Es que el dicho Don García
              llegó ayer en aquel día
              de Salamanca a Madrid.
                 Y en llegando se acostó,°   went to bed
              y durmió la noche toda,

25   y fue embeleco° la boda   fraud
              y festín° que nos contó.   banquet

DON JUAN.   ¿Qué decís?

DON FÉLIX.   Esto es verdad.

DON JUAN.   ¿Embustero es Don García?

30 **DON FÉLIX.**   Eso un ciego lo vería,
              porque tanta variedad
                 de tiendas, aparadores,
              vajillas de plata y oro,

           tanto plato, tanto coro
           de instrumentos y cantores,
              ¿no eran mentira patente?°   evident

DON JUAN.   Lo que me tiene dudoso°   doubtful
5   es que sea mentiroso
           un hombre, que es tan valiente;
              que de su espada el furor
           diera a Alcides[79] pesadumbre.°   trouble

DON FÉLIX.   Tendrá el mentir por costumbre,
10   y por herencia el valor.

DON JUAN.   Vamos, que a Jacinta quiero
           pedille, Félix, perdón,
           y decille la ocasión
           con que esforzó° este embustero   strengthened
15   mi sospecha.

DON FÉLIX.   Desde aquí
           nada le creo, don Juan.

DON JUAN.   Y sus verdades serán
20   ya consejas° para mí. *(Vanse.)*   fables

              [Escena XIV]
                [Calle]
    (Salen TRISTÁN, DON GARCÍA *y* CAMINO,
           [vestidos] de noche.[80])

25 DON GARCÍA.   Mi padre me dé perdón,
           que forzado le engañé.

TRISTÁN.   ¡Ingeniosa excusa fue!
           Pero, dime, ¿qué invención
              agora piensas hacer,
30   'con que° no sepa que ha sido   so that
           el casamiento fingido?°   ficticious

---

[79] **Alcides** Another name for Hercules, the son of Alcmene and Zeus, who was known in Greek and Roman mythology for his incredible strength.
[80] **[vestidos] de noche** gentlemen usually changed their clothing before going out for the evening.

DON GARCÍA.	Las cartas le he de coger°	seize
	que a Salamanca escribiere,°	he writes
	y, las respuestas° fingiendo°	replies, falsifying
	yo mismo, iré entreteniendo°	prolong
5	la ficción cuanto pudiere.°	I am able

[Escena XV]
[DON GARCÍA, TRISTÁN, y CAMINO en la calle]
(Salen JACINTA, LUCRECIA e ISABEL, a la ventana.)

JACINTA.	Con esta nueva volvió	
10	Don Beltrán bien descontento,	
	cuando ya del casamiento	
	estaba contenta yo.	
LUCRECIA.	¿Que el hijo de Don Beltrán	
	es el indiano fingido?	
15 JACINTA.	Sí, amiga.	
LUCRECIA.	¿A quién has oído	
	lo del banquete?	
JACINTA.	A don Juan.	
LUCRECIA.	Pues ¿cuándo estuvo contigo?	
20 JACINTA.	Al anochecer° me vio,	earlier this evening
	y en contármelo gastó	
	lo que pudo estar conmigo.[81]	
LUCRECIA.	¡Grandes sus enredos° son!	falsehoods
	¡Buen castigo te merece![82]	
25 JACINTA.	Estos tres hombres parece	
	que 'se acercan° al balcón.	approach
LUCRECIA.	Vendrá al puesto Don García,	
	que ya es hora.	

[81] **en contarme...** *he spent the whole time that he was able to be with me telling me about it.* Jacinta is referring to the story of the party.
[82] **¡Buen castigo...** *He deserves a good punishment from you!*

JACINTA.   Tú, Isabel,
           mientras hablamos con él,
           a nuestros viejos espía.°   spy

LUCRECIA.   Mi padre está refiriendo°   telling
5   'bien de espacio° un cuento° largo   really slowly, story
           a tu tío.

ISABEL.   Yo me encargo
           de avisaros, en viniendo. *(Vase.)*

CAMINO.   Éste es el balcón, adonde *(A DON GARCÍA.)*
10   os espera tanta gloria. *(Vase.)*

                         [Escena XVI]
              [DON GARCÍA y TRISTÁN en la calle;
              JACINTA y LUCRECIA a la ventana]

LUCRECIA.   Tú eres dueño de la historia,
15   tú en mi nombre le responde.

DON GARCÍA.   ¿Es Lucrecia?

JACINTA.   ¿Es Don García?

DON GARCÍA.   Es quien hoy la joya° halló   jewel
           más preciosa, que labró°   cut
20   el Cielo en la Platería;
               es quien, en llegando a vella,
           tanto estimó° su valor,   esteemed
           que dio, abrasado de amor,
           la vida y alma por ella.
25   Soy, al fin, el que se precia°   prizes
           de ser vuestro, y soy quien hoy
           comienzo a ser, porque soy
           el esclavo de Lucrecia.

JACINTA.   Amiga, este caballero *(Aparte a LUCRECIA.)*
30   para todas° tiene amor.   = all women

LUCRECIA.   El hombre es embarrador.°   fake

JACINTA.   Él es un gran embustero.

DON GARCÍA.   Ya espero, señora mía,
                      lo que me queréis mandar.

JACINTA.   Ya no puede haber lugar°   take place
5   lo que trataros quería.

TRISTÁN.   ¿Es ella? (Al oído.) [a su amo.]

DON GARCÍA.   Sí.

JACINTA.   …Que trataros
                   un casamiento intenté
10   bien importante, y ya sé
                   que es imposible casaros.

DON GARCÍA.   ¿Porqué?

JACINTA.   Porque sois casado.

DON GARCÍA.   ¿Que yo soy casado?

15 JACINTA.   Vos.

DON GARCÍA.   Soltero° soy ¡vive Dios!   single
                      Quien lo ha dicho, os ha engañado.

JACINTA.   ¿Viste mayor embustero? [Aparte a LUCRECIA.]

LUCRECIA.   'No sabe sino° mentir.   he knows only how

20 JACINTA.   ¿Tal me queréis persuadir?

DON GARCÍA.   ¡Vive Dios, que soy soltero!

JACINTA.   ¡Y lo jura! [Aparte a LUCRECIA.]

LUCRECIA.   Siempre ha sido
                   costumbre del mentiroso,
25   de su crédito dudoso

jurar, para ser creído.

DON GARCÍA.   Si era vuestra blanca mano,
con la que el Cielo quería
colmar° la ventura° mía,   complete, good luck
5   no pierda el bien soberano,°   supreme
                    pudiendo esa falsedad
probarse tan fácilmente.

JACINTA.   ¡Con qué confianza miente! *(Aparte.)*
¿No parece que es verdad?

10 DON GARCÍA.   La mano os daré, señora,
y con eso me creeréis.

JACINTA.   Vos sois tal, que la daréis
a trecientas° en un hora.   = 300 women

15 DON GARCÍA.   Mal acreditado° estoy   discredited
con vos.

JACINTA.   Es justo castigo;
porque mal puede conmigo
tener crédito, quien hoy
20   dijo que era Perulero,
siendo en la Corte nacido;
y, siendo de ayer venido,
afirmó que ha un año entero
                    que está en la Corte; y, habiendo
25   esta tarde confesado
que en Salamanca es casado,
se está agora desdiciendo.°   contradicting
                    Y quien, pasando en su cama
toda la noche, contó
30   que en el río la pasó,
haciendo fiesta a una dama.

TRISTÁN.   Todo se sabe. *(Aparte.)*

DON GARCÍA.   Mi gloria,
35   escuchadme, y os diré
verdad pura, que ya sé

en qué se yerra la historia.

    Por las demás cosas paso,
que son 'de poco momento,°   *of little imprtance*
por tratar del casamiento,
que es lo importante del caso.

5   Si vos 'hubiérades sido°   *had been*
causa de haber yo afirmado,
Lucrecia, que soy casado,
¿será culpa° haber mentido?   *guilt*

10 JACINTA.   ¿Yo la causa?

DON GARCÍA.   Sí, señora.

JACINTA.   ¿Cómo?

DON GARCÍA.   Decíroslo quiero.

JACINTA.   Oye, que hará el embustero *(Aparte a LUCRECIA.)*
15   lindos enredos agora.

DON GARCÍA.   Mi padre llegó a tratarme
de darme otra mujer hoy,
pero yo, que vuestro soy,
quise con eso excusarme.

20   Que, mientras hacer espero
con vuestra mano mis bodas,
soy casado para todas,
sólo para vos soltero.

    Y, como vuestro papel°   *note*
25   llegó esforzando mi intento,
al tratarme el casamiento
puse impedimento en él.

    Éste es el caso,° mirad   *story*
si esta mentira os admira
30   cuando ha dicho esta mentira
de mi afición° la verdad.   *love*

LUCRECIA.   Mas, ¿si lo fuese? *(Aparte.)*

JACINTA.   ¡Qué buena *[Aparte.]*
             la trazó, y qué de repente!

Pues, ¿cómo tan brevemente°   quickly
os puedo dar tanta pena?
   ¿Casi aún no visto me habéis,
y ya os mostráis tan perdido?[83]

5   ¿Aún no me habéis conocido,
y por mujer me queréis?

DON GARCÍA.   Hoy vi vuestra gran beldad
la vez primera, señora;
que el amor me obliga agora

10   a deciros la verdad.
Mas si la causa es divina,
milagro° el efeto es,   miracle
que el dios niño no con pies,
sino con alas camina.[84]

15   Decir que habéis menester
tiempo vos para matar,
fuera,° Lucrecia, negar   is
vuestro divino poder.[85]
   Decís que sin conoceros

20   estoy perdido. ¡Pluguiera
a Dios, que no os conociera,
por hacer más en quereros![86]
   Bien os conozco: las partes
sé bien que os dio la fortuna,

25   que sin eclipse sois Luna
que sois Mendoza sin martes,[87]
   que es difunta vuestra madre,
que sois sola en vuestra casa,
que de mil doblones pasa

---

[83] The sentence reads more easily with this word order: **¿Casi aún no me habéis visto y ya os motráis tan perdido?** *You have scarcely even seen me and you already appear so lost* [in love]?

[84] **el dios niño…**Cupid, the winged son of Venus.

[85] **Decir que…** *To say that you need time order to slay me* [wih love] *is to deny your own divine power.*

[86] **¡Pluguiera a Dios…** *I would to God that I didn't know you, for it would make me want you more!*

[87] **que sin eclipse…** This is a play on Lucrecia's complete name, Lucrecia Luna y Mendoza. She is unsurpassed, because she is a moon (Luna) that never has an eclipse. Also, **martes** is considered to be an unlucky day in Hispanic culture, but Lucrecia is a Mendoza, and so lucky that she doesn't have a **martes**.

la renta de vuestro padre.[88]
    Ved si estoy mal informado;
¡Ojalá,° mi bien, que así   God grant
'lo estuviérades° de mí!   might be so in-
                                 formed

5   LUCRECIA.   Casi me pone en cuidado.[89] *(Aparte.)*

JACINTA.   Pues Jacinta, ¿no es hermosa?
        ¿no es discreta, rica y tal,
        que puede el más principal
10   desealla por esposa?

DON GARCÍA.   Es discreta, rica y bella,
        mas a mí no me conviene.

JACINTA.   Pues, decid, ¿qué falta tiene?

DON GARCÍA.   La mayor, que es no querella.

15   JACINTA.   Pues yo con ella os quería
        casar, que ésa sola fue
        la intención con que os llamé.

DON GARCÍA.   Pues será vana porfía;°   obstinance
        que por haber intentado
20   mi padre, Don Beltrán, hoy
        lo mismo, he dicho que estoy
        en otra parte casado.
        Y si vos, señora mía,
        intentáis hablarme en ello,
25   perdonad, que por no hacello,
        seré casado en Turquía.[90]
        Esto es verdad, ¡vive Dios!
        porque mi amor es de modo

---

[88] **mil doblones…** *a thousand doubloons.* Gold coins of the time, called **escudos**, were minted in denominations of 1,2,4, and 8. A 2 **escudo** coin was called a doubloon, **doblón**, or **dobla**. To give you an idea of LUCRECIA's family's wealth, according to *The Practical Book of Cobs*, a sailor was paid ½ **real** a day. One **escudo** was equal to two 8 **reales**. One thousand **doblones** equals 32,000 **reales**. In other words, a common sailor would have to work 64,000 days, or 175 years to earn the same amount.

[89] **me pone…** *inspires love in me.*

[90] **Turquía** *Turkey*, considered to be a remote and dangerous place.

	que aborrezco° aquello todo,	hate
	mi Lucrecia, que no es vos.	

LUCRECIA.   ¡Ojalá! (*Aparte.*)

JACINTA.   ¡Que me tratéis
5   con falsedad tan notoria!°   evident
         Decid, ¿no tenéis memoria?
         ¿o vergüenza° no tenéis?   shame
              ¿Cómo, si hoy dijisteis vos
         a Jacinta que la amáis,
10   agora me lo negáis?

DON GARCÍA.   ¿Yo a Jacinta? ¡vive Dios!
              que sola con vos he hablado
         desde que entré en el lugar.

JACINTA.   Hasta aquí pudo llegar
15   el mentir desvergonzado.°   shameless
              Si en lo mismo que yo vi,
         os atrevéis a mentirme,
         ¿qué verdad podréis decirme?
         Idos° con Dios, y de mí   go
20   podéis desde aquí pensar,
         si otra vez os diere oído,[91]
         que por divertirme ha sido,
         como quien, para quitar°   remove
              el enfadoso° fastidio°   troublesome, weari-
25   de los negocios pesados,   ness
         gasta° los ratos sobrados°   spend, spare
         en las fábulas de Ovidio.[92] (*Vase.*)

DON GARCÍA.   Escuchad, Lucrecia hermosa.

LUCRECIA.   Confusa quedo. (*Aparte.*) (*Vase.*)

30 DON GARCÍA.   ¡Estoy loco!

---

[91] **si otra vez...** *If I give you another hearing,* or, *If I talk to you again.*

[92] **fábulas de Ovidio** *Ovid's fables.* Ovid was a Roman poet (approximately 43 B.C. to 17 A.D.) who wrote many books, including *Metamorphoses,* a fifteen volume work in which he linked together the stories of classical mythology, in all some 250 myths.

¿Verdades valen tan poco?

TRISTÁN.   En la boca mentirosa.

DON GARCÍA.   ¡Que haya dado[93] en no creer
cuanto digo!

5 TRISTÁN.   ¿Qué te admiras,
si en cuatro o cinco mentiras
te ha acabado de coger?
          De aquí, si lo consideras,
conocerás claramente
10 que, quien en las burlas° miente,   light-hearted matters
pierde el crédito en las veras.°   serious matters

---

[93] **¡Que haya...** *What reason have I given her.*

Acto Tercero
[Escena primera]
(Sala en casa de don Sancho)
(Sale CAMINO con un papel, dalo a LUCRECIA.)

5   CAMINO.   Éste me dio para ti
                               Tristán, de quien Don García
                               con justa causa confía,
                               lo mismo que tú de mí.
                                   Que, aunque su dicha es tan corta,
10   que sirve, es muy bien nacido,
                               y de suerte ha encarecido
                               lo que tu respuesta importa,[1]
                                  que jura que Don García
                               está loco.

15   LUCRECIA.   ¡Cosa extraña!,
                               ¿Es posible que me engaña
                               quien desta suerte° porfía?°   way
                                  El más firme enamorado
                               se cansa, si no es querido,
20   ¿y éste puede ser fingido,
                               tan constante y desdeñado?°   scorned

  CAMINO.   Yo al menos, si en las señales°   signs
                               se conoce el corazón,
                               ciertos juraré que son,
25   por las que he visto, sus males.°   suffering
                                 Que quien tu calle pasea°   walks
                               tan constante noche y día,
                               quien tu espesa celosía
                               tan atento brujulea;°   spies upon
30   quien ve que de tu balcón,
                               cuando él viene te retiras,
                               y ni te ve, ni le miras,
                               y está firme en tu afición;
                                quien llora, quien desespera,°   despairs

[1] **y de suerte...** *and so he has stressed that your reply is important.*

quien, porque contigo estoy,
me da dineros, que es hoy
la señal más verdadera.
    Yo me afirmo en que decir
5   que miente es gran desatino.°   nonsense

LUCRECIA.   Bien se echa de ver,[2] Camino,
que no le has visto mentir.
    ¡Pluguiera a Dios, fuera cierto
su amor! Que, a decir verdad,
10   no tarde en mi voluntad
hallaran sus ansias puerto.[3]
    Que sus encarecimientos,°   exaggerations
aunque no los he creído,
por lo menos han podido
15   despertar mis pensamientos.
    Que 'dado que° es necedad°   granted that, non-
dar crédito al mentiroso,   sense
como el mentir no es forzoso,
y puede decir verdad.
20   Oblígame la esperanza°   hope
y el propio° amor a creer   itself
que conmigo puede hacer
en sus costumbres mudanza.°   change
    Y así, por guardar mi honor,
25   si me engaña lisonjero,°   with flattery
y, si es su amor verdadero,
porque es digno° de mi amor,   worthy
    quiero andar tan advertida°   heedful
a los bienes y a los daños,°   wrongs
30   que ni admita sus engaños
ni sus verdades despida.

CAMINO.   De ese parecer estoy.[4]

LUCRECIA.   Pues dirásle que, cruel,
rompí,° sin vello, el papel,   tore
35   que esta respuesta le doy.
    Y luego, tú, 'de tu aljaba,°   on your own account

---

[2] **Bien se echa…** *Well, it is evident.*
[3] **hallaran…** *your longings might be realized.*
[4] **De ese…** *I am of that opinion, I agree.*

le di que no desespere,
y que, si verme quisiere,
vaya esta tarde a la Octava
de la Magdalena.[5]

5 CAMINO.   Voy.

LUCRECIA.   Mi esperanza fundo° en ti.   base

CAMINO.   No se perderá por mí,
              pues ves que Camino soy.[6] *(Vanse.)*

[Escena II]
10   *[Sala en casa de* DON BELTRÁN]
              (Salen DON BELTRÁN, DON GARCÍA *y* TRISTÁN.
              Don Beltrán saca una carta abierta, dala a DON GARCÍA.)

DON BELTRÁN.   ¿Habéis escrito, García?[7]

DON GARCÍA.   Esta noche escribiré.

15 DON BELTRÁN. Pues abierta os la daré,[8]
              porque leyendo la mía,
                 conforme a mi parecer°   opinion
              a vuestro suegro° escribáis;   father-in-law
              que determino que vais
20   vos en persona a traer°   to bring
                 vuestra esposa, que es razón:°   right
              porque pudiendo traella
              vos mismo,° enviar por ella   yourself
              fuera 'poca estimación.°   discourteous

25 DON GARCÍA.   Es verdad, mas sin efeto
              será agora mi jornada.°   journey

---

[5] **la Octava de…** Refers to an eight-day religious festival at the Augustinian monastery of Magdalena, which stood on the corner of Magdalena and Atocha in Madrid. It was torn down in 1836.

[6] **pues ves…** Camino makes a play on his name here. He says, *I am Camino*, but also means *I am the way*, in this case, to love.

[7] **¿Habeis…** *Have you written, García?* Don Beltrán is referring to doña Sancha, Don García's "wife" in Salamanca.

[8] **la daré** *I will give it to you*, Don Beltrán is referring to his own letter.

DON BELTRÁN.   ¿Por qué?

DON GARCÍA.   Porque 'está preñada;°   she's pregnant
y hasta que un dichoso° nieto°   blessed, grandson
      te dé, no es bien arriesgar°   risk
5   su persona en el camino.

DON BELTRÁN.   ¡Jesús! fuera desatino°   madness
estando así, caminar.
      Mas dime, ¿cómo hasta aquí
no me lo has dicho, García?

10   DON GARCÍA.   Porque yo no lo sabía;
y, en la° que ayer recebí   la *carta*
      de doña Sancha, me dice
que es cierto el preñado° ya.   pregnancy

DON BELTRÁN.   Si un nieto varón me da,
15   hará mi vejez felice.
      Muestra,° que añadir° es bien   hand (it to me), add
      (Tómale la carta que le había dado.)
cuánto con esto me alegro.
      Mas di, ¿cuál es de tu suegro°   father-in-law
20   el 'propio nombre?°   first name

DON GARCÍA.   ¿De quién?

DON BELTRÁN.   De tu suegro.

DON GARCÍA.   Aquí me pierdo.° *(Aparte.)*   I'm ruined
Don Diego.

25   DON BELTRÁN.   O yo me he engañado,°   been mistaken
o otras veces le has nombrado°   called
      don Pedro.

DON GARCÍA.   También me acuerdo°   remember
de eso mismo,° pero son   that same thing
30   suyos, señor, ambos° nombres.   both

DON BELTRÁN.   ¿Diego y Pedro?

DON GARCÍA.   No te asombres°   be surprised
                        que, por una condición,
                            «don Diego» se ha de llamar
                        de su casa el sucesor.⁹
5   Llamábase mi señor
                        «don Pedro» antes de heredar,°   inheriting
                            y como 'se puso° luego   became
                        «don Diego», porque heredó,
                        'después acá° se llamó   since that time
10   ya «don Pedro», ya «don Diego»

DON BELTRÁN.   No es nueva esa condición
                        en muchas casas de España.
                        A escribirle voy. *(Vase.)*

                                [Escena III]
15   *[DON GARCÍA, TRISTÁN]*

TRISTÁN.   Extraña
                        fue esta vez tu confusión.

DON GARCÍA.   ¿Has entendido la historia?

TRISTÁN.   Y hubo bien en qué entender.¹⁰
20   El que miente ha menester
                        gran ingenio y gran memoria.

DON GARCÍA.   Perdido me vi.

TRISTÁN.   Y en eso
                        pararás° al fin, señor.   stop

25 DON GARCÍA.   Entre tanto, de mi amor.
                        Veré el bueno, o mal suceso.°   outcome
                            ¿Qué hay de Lucrecia?

TRISTÁN.   Imagino,
                        aunque de dura 'se precia,°   boasts of
30   que has de vencer a Lucrecia,

---

⁹ **«don Diego»**… *the successor to the family possessions must be called don Diego.*
¹⁰ **Y hubo bien**… *And there was a lot to understand.*

> sin la fuerza de Tarquino.[11]

DON GARCÍA.   ¿Recibió el billete?°   note

TRISTÁN.   Sí:
5   aunque a Camino mandó
             que diga, que lo rompió,
             que él lo ha fiado de mí.[12]
             Y, pues lo admitió,° no mal   *i.e.,* Lucrecia
             se negocia° tu deseo,   is dealing with
             si aquel epigrama[13] creo
10   que a Nebia escribió Marcial:[14]
             «Escribí, no respondió
             Nebia, luego dura está;
             mas ella se ablandará,°   will relate
             pues lo que escribí leyó.»

15 DON GARCÍA.   Que dice verdad, sospecho.°   I suspect

TRISTÁN.   Camino está 'de tu parte°   on your side
             y promete revelarte
             los secretos de su° pecho;   *i.e.,* Lucrecia's
             y que ha de cumplillo espero,
20   si andas tú cumplido en dar,[15]
             que, para hacer confesar,
             no hay cordel[16] como el dinero.
             Y aun fuera bueno, señor,
             que conquistaras tu ingrata°   ungrateful lady
25   con dádivas,° pues que mata   gifts

---

[11] **Tarquino** was Sextus Tarquinius, the son of Lucius Tarquinius Superbus, the last Etruscan king of Rome (534-510 B.C.) Sextus raped the wife of his cousin Tarquinius Collatinus, an act which initiated a chain of events leading to the expulsion of the family from Rome.

[12] **que él...** *he has confided it to me.* Camino told Tristán that Lucrecia read the note, and ordered him [Camino] to convey the message that she tore it up without reading it.

[13] **epigrama** *epigram,* a short poem with a satirical meaning.

[14] **que a Nebia...** Martial (Marcus Valerius Martialis) was a Roman poet born in northeastern Spain about 40 A.D., who wrote fourteen books of epigrams in Latin. TRISTÁN quotes epigram 9 from Book II, "I wrote. Naevia did not answer. So she won't give. But she read what I wrote, I suppose. So she'll give" (141).

[15] **si andas tú...** *if you keep on giving generously.*

[16] **cordel** an instrument of torture for exacting the truth.

con flechas de oro el amor.

DON GARCÍA.   Nunca te he visto grosero,°   vulgar
sino aquí, en tus pareceres.°   judgments
¿Es ésta de las mujeres
5   que 'se rinden° por dinero?   yields themselves

TRISTÁN.   Virgilio dice que Dido
fue del troyano° abrasada,°   Trojan, consumed
de sus dones° obligada   (by love); gifts
tanto como de Cupido.[17]
10   ¡Y era reyna!° No te espantes°   be astonished
de mis pareceres rudos,°   rough
que escudos vencen escudos,
diamantes labran diamantes.

DON GARCÍA.   ¿No viste que la ofendió
15   mi oferta en la Platería?

TRISTÁN.   Tu oferta la ofendería,
señor, que tus joyas no.
Por el uso te gobierna,[18]
que a nadie en este lugar,
20   por desvergonzado° en dar,   overly generous
le quebraron° brazo o pierna.   broke

DON GARCÍA.   'Dame tú° que ella lo quiera,   grant
que darle un mundo imagino.[19]

---

[17] **Virgilio dice…** *Virgil says that Dido was consumed by love for the Trojan, as obligated by his gifts as those of Cupid.* Virgil (Publius Vergilius Maro) lived from 17-19 B.C., and wrote the *Æneid*, an epic poem about Aeneas and his adventures. Dido was a Phoenician princess who founded the great city of Carthage, and became its queen. During her reign, she sheltered Æneas and his fellow soldiers, who were refugees from the Trojan War. Dido fell in love with Æneas when she received his gifts, including a golden robe. Without anyone knowing, however, the whole affair was manipulated from behind the scenes by the goddess Aphrodite, who was trying to prevent Æneas's return to Italy. Under the spell, Dido fell so deeply in love with Æneas, that she committed suicide with his sword when he decided to leave her in order to return to Italy where he was to establish a new kingdom.
[18] **Por el uso…** *Let custom guide you.*
[19] **Dame tú…** *If I thought she'd want it, I'd give her the world.*

TRISTÁN.	Camino dará camino,	
	que es el polo desta esfera.[20]	
	Y porque sepas que está	
	en buen estado tu amor,	
5	ella le mandó, señor,	
	que te dijese que hoy va	
	Lucrecia a la Magdalena,	
	a la fiesta de la Octava;	
	como que él te lo avisaba.	

DON GARCÍA.	¡Dulce alivio de mi pena!	
10	¿Con ese espacio° me das	so slowly
	nuevas que 'me vuelven loco?°	drives me mad

| TRISTÁN. | Dóytelas tan poco a poco | |
| | porque dure el gusto más. *(Vanse.)* | |

[Escena IV]
[Claustro del Convento de la Magdalena,
con puerta a la iglesia]
(Salen JACINTA *y* LUCRECIA *con mantos.)*

15

JACINTA.	¿Qué? ¿prosigue° Don García?	persist
20 LUCRECIA.	'De modo que,° con saber	such that
	su engañoso proceder,°	behavior
	como tan firme porfía,	
	casi me tiene dudosa.	
JACINTA.	Quizá no eres engañada,	
25	que la verdad no es vedada°	forbidden
	a la boca mentirosa.	
	Quizá es verdad que te quiere,	
	y más donde tu beldad	
	asegura° esa verdad	affirms
30	en cualquiera que te viere.	
LUCRECIA.	Siempre tú me favoreces,°	flatter
	mas yo lo creyera así	
	a no haberte° visto a ti	= don García

[20] **Camino...** Another play on Camino's name, he is both the way to get to Lucrecia, and the axis this heaven [Lucrecia] rotates on.

	que al mismo sol obscureces.°	dim

JACINTA.   Bien sabes tú lo que vales,

y que en esta competencia°   rivalry

nunca ha salido sentencia°   decision

5   por tener votos iguales.°   equal

           Y no es sola la hermosura

quien causa amoroso ardor,

que también tiene el amor

su pedazo° de ventura.   piece

10   Yo me holgaré que por ti,

amiga, me haya trocado,[21]

y que 'tú hayas alcanzado,°   you have attained

lo que yo no merecí;

          porque ni tú tienes culpa,

15   ni él me tiene obligación;

pero vé° con prevención,°   go, caution

que no te queda° disculpa.   have

          Si te arrojas en amar,

y al fin quedas engañada,

20   de quien estás ya avisada,

que sólo sabe engañar.

LUCRECIA.   Gracias, Jacinta, te doy;

mas tu sospecha corrige,°   correct

que 'estoy por° creerle, dije,   I am inclined

25   no que por quererle estoy.

JACINTA.   Obligaráte° el creer,   force yourself

y querrás, siendo obligada,

y, así, es corta la jornada

que hay de creer a querer.

30 LUCRECIA.   Pues, ¿qué dirás, si supieres

que un papel he recibido?

JACINTA.   Diré que ya le has creído,

y aun diré que ya le quieres.

35 LUCRECIA.   Erraráste, y considera

que tal vez la voluntad

---

[21] **me haya…** *you have taken my place*

hace por curiosidad
lo que por amor no hiciera.
      ¿Tú no le hablaste gustosa°   with pleasure
en la Platería?

JACINTA.   Sí.

LUCRECIA.   ¿Y fuiste, en oírle allí,
enamorada? ¿o curiosa?

JACINTA.   Curiosa.

LUCRECIA.   Pues yo con él
curiosa también he sido,
como tú en haberle oído,
en° recebir su papel.   = I

JACINTA.   Notorio° verás tu error   obvious
si adviertes° que es el oír   bear in mind
cortesía, y admitir°   accept
un papel, claro favor.

LUCRECIA.   Eso fuera a²² saber él
que su papel recebí,
mas él piensa que rompí,
sin leello, su papel.

JACINTA.   Pues con eso es cierta cosa
que curiosidad ha sido.

LUCRECIA.   En mi vida me ha valido
tanto gusto²³ el ser curiosa.
      Y porque su falsedad°   dishonesty
conozcas, escucha y mira
si es mentira, la mentira
que más parece verdad.
      (Saca un papel, y ábrele, y lee en secreto.)

---

²² **Eso…** *That would be so if.*
²³ **me ha valido…** *has brought me so much pleasure.*

[*Escena V*]
(*Salen* CAMINO, GARCÍA *y*
TRISTÁN [*Dichas*] *por otra parte.*)

CAMINO.   ¿Veis la que tiene en la mano
5   un papel?
                           (*Aparte a Don García*)

DON GARCÍA.   Sí.

CAMINO.   Pues aquella
                           es Lucrecia.²⁴

10 DON GARCÍA.   ¡Oh causa bella° (*Aparte.*)   noble
                           de dolor tan inhumano!
                               Ya me abraso 'de celoso.°   of jealousy
                           ¡Oh, Camino, cuánto os debo!

TRISTÁN.   Mañana os vestís de nuevo.²⁵ [*A* CAMINO]

15 CAMINO.   Por vos he de ser dichoso. (*Vase.*)

DON GARCÍA.   Llegarme, Tristán, pretendo°   desire
                           adonde, sin que me vea,
                           si posible fuere, lea
                           el papel que está leyendo.²⁶

20 TRISTÁN.   No es difícil, que si vas
                           a esta capilla arrimado,
                           saliendo por aquel lado,
                           de espaldas la cogerás.²⁷ (*Vase.*)

DON GARCÍA.   Bien dices. Ven por aquí. (*Vase.*)

25 JACINTA.   Lee bajo, que darás

---

²⁴ **Pues aquella...** Camino points out Lucrecia, but since both women are
wearing mantillas, if would be hard to tell which she is from a distance.
²⁵ **Mañana...** *Tomorrow you'll dress in something new.* Tristán thinks Don García
is so grateful to Camino that he will buy him new outfit.
²⁶ **Llegarme Tristán...** Don García wants to get close to Lucrecia in order to see
what she is reading.
²⁷ **de espaldas...** to get behind someone.

mal ejemplo.[28]

LUCRECIA.   No me oirás;
toma, y lee para ti.
(Da el papel a JACINTA.[29]*)*

5   JACINTA.   Ese es mejor parecer.

[*Escena VI*]
(Salen TRISTÁN *y* GARCÍA *por otra puerta;*
cogen de espaldas a las damas.)

TRISTÁN.   Bien el fin se consiguió.°   is attained

10 DON GARCÍA.   Tú, si ves mejor que yo,
procura,° Tristán, leer.   try
(Lee JACINTA.*)*
PAPEL.   «Ya que mal crédito cobras[30]
de mis palabras sentidas,°   sincere
15   dime si serán creídas,
pues nunca mienten, las obras.
Que si consiste el creerme,
señora, en ser tu marido
y ha de dar el ser creído
20   materia° al favorecerme,   cause
por éste, Lucrecia mía,
que de mi mano te doy
firmado,° digo que soy   signed
ya *tu esposo, Don García.*»

25 DON GARCÍA.   ¡Vive Dios, que es mi papel! [*Aparte a Tristán*]

TRISTÁN.   ¿Pues qué? ¿no lo vio° en su casa?   = Lucrecia

DON GARCÍA.   Por ventura lo repasa,°   re-reads
regalándose° con él.   entertaining herself

---

[28] **darás...** *you will set a bad example.*
[29] **Da el papel...** Now that Jacinta is holding the note, Don García's confusion
is compounded.
[30] **Ya que...** *Now that you doubt.*

TRISTÁN.   Como quiera[31] te está bien.

DON GARCÍA.   Como quiera soy dichoso.

JACINTA.   Él es breve y compendioso,°   concise
                     o bien siente, o miente bien.[32]

5 DON GARCÍA.   Volved los ojos, señora, (A JACINTA.)
                      cuyos rayos no resisto.[33]

JACINTA.   Cúbrete, pues no te ha visto, [JACINTA a LUCRECIA]
                     y desengáñate° agora.   be disillusioned
                          (Tápanse° LUCRECIA y JACINTA.)   veil themselves

10 LUCRECIA.   Disimula,° y no me nombres. [Aparte a JACINTA]   disguise (yourself)

DON GARCÍA.   Corred° los delgados velos   take off
                     a ese asombro de los cielos,
                     a ese cielo de los hombres.[34]
                          ¿Posible es que os llego a ver,
15   homicida[35] de mi vida?
                     Mas, como sois mi homicida,
                     en la iglesia hubo de ser.
                     Si os obliga a retraer°   withdraw
                     mi muerte, no hayáis temor,
20   que de las leyes de amor
                     es tan grande el desconcierto,°   confusion
                     que dejan preso al que es muerto,
                     y libre al que es matador.
                          Ya espero que de mi pena
25   estáis, mi bien, condolida,°   sympathetic
                     si el estar arrepentida°   repentant
                     os trajo a la Magdalena.
                     Ved cómo el amor ordena
                     recompensa° al mal que siento,   compensation

[31] **Como quiera** *As it may please you,* In any case.
[32] **o bien...** *either he's telling the truth or he lies well.*
[33] **no resisto** this phrase carries the idea of inability to resist, **no puedo resistir** *I can't resist.*
[34] **a ese asombro...** *that wonder of the heavens, that heaven of men,* this refers to Jacinta's beautiful face.
[35] **homicida** *murderess,* but in the context of love.

pues si yo llevé° el tormento   carried
de vuestra crueldad, señora,
la gloria me llevo agora
de vuestro arrepentimiento.°   repentance
5   ¿No me habláis, dueño querido?
¿No os obliga° el mal que paso?°   oblige, I endure
¿Arrepentísos° acaso   repent
de haberos arrepentido?
Que advirtáis, señora, os pido,
10 que otra vez me mataréis.°   will kill
Si porque en la iglesia os veis,
probáis en mí los aceros,[36]
mirad° que no ha de valeros,   mirad°
si en ella el delito° hacéis.[37]   crime

15 JACINTA.   ¿Conoceisme?

DON GARCÍA.   ¡Y bien, por Dios!
Tanto, que desde aquel día
que os hablé en la Platería,
no me conozco por vos,[38]
20 de suerte que, de los dos,
vivo más en vos que en mí,
que tanto, desde que os vi,
en vos transformado estoy,
que ni conozco el que soy,
25 ni me acuerdo del que fui.

JACINTA.   Bien se echa de ver que estáis
del que fuistes olvidado,[39]
pues sin ver que sois casado,
nuevo amor solicitáis.

30 DON GARCÍA.   ¡Yo casado! ¿En eso dais?[40]

---

[36] **probáis en…** *you try to kill me with your glance*, **los aceros** refers to the point of a sword, but in this sense, Jacinta's weapons are her eyes.

[37] **si en ella…** *if you commit a crime in it*, meaning the church. It is a biblically based tradition for the church to give sanctuary or refuge, under certain circumstances, to someone who committed a capital crime. However, it could not shelter someone who committed a crime within the church building itself.

[38] **no me…** *I can't tell which is you and which is me.*

[39] **Bien se echa…** *It is clear that you have forgotten who you were before.*

[40] **¿En eso…** *Do you still believe that?*

JACINTA.   ¿Pues no?

DON GARCÍA.   ¡Qué vana porfía!
                     Fue, por Dios, invención mía
                     por ser vuestro.

5   JACINTA.   O por no sello;[41]
                     y, si os vuelven a hablar dello,[42]
                     seréis casado en Turquía.

DON GARCÍA.   Y vuelvo a jurar, por Dios,
                     que, en este amoroso estado,[43]
10   para todas soy casado,
                     y soltero para vos.

JACINTA.   ¿Ves tu desengaño? *(A LUCRECIA.)*

LUCRECIA.   ¡Ah, cielos! *(Aparte.)*
                     ¿Apenas una centella°   spark
15   siento de amor, y ya della
                     nacen volcanes de celos?

DON GARCÍA.   Aquella noche, señora,
                     que en el balcón os hablé,
                     ¿todo el caso no os conté?

20   JACINTA.   ¿A mí en balcón?

LUCRECIA.   ¡Ah traidora![44] *(Aparte.)*

JACINTA.   Advertid que os engañáis.
                     ¿Vos me hablastes?

DON GARCÍA.   ¡Bien, por Dios!

25   LUCRECIA.   ¿Habláisle de noche vos, *(Aparte.)*

[41] **O por...** *Or in order not to be.*
[42] **y, si os vuelven...** *and, if they talk to you about it* [about being married to
Jacinta] *again.*
[43] **en este amoroso estado** *in this amorous condition.*
[44] **¡Ah traidora!** *Ah, betrayer!* Lucrecia expresses her concern that Jacinta has
betrayed her and met with Don García behind her back.

y a mí consejos me dais?

DON GARCÍA.   Y el papel que recibistes,
                      ¿negaréislo?

JACINTA.   ¿Yo papel?

5   LUCRECIA.   ¡Ved qué amiga tan fiel! *[Aparte.]*

DON GARCÍA.   Y sé yo que lo leistes.

JACINTA.   Pasar por donaire° puede,   accomplishment
                      cuando no daña, el mentir;
                      mas no se puede sufrir
10   cuando ese límite° excede.   boundary

DON GARCÍA.   ¿No os hablé en vuestro balcón,
                      Lucrecia, 'tres noches ha?°   three nights ago

JACINTA.   ¿Yo, Lucrecia? Bueno va; *(Aparte.)*
                      toro nuevo, otra invención.⁴⁵
15   A Lucrecia ha conocido,
                      y es muy cierto el adoralla,
                      pues finge, por no enojalla,
                      que por ella me ha tenido.

LUCRECIA.   Todo lo entiendo. ¡Ah traidora! *(Aparte.)*
20   Sin duda que le avisó,
                      que 'la tapada° fui yo,   the veiled woman
                      y quiere enmendallo agora
                              con fingir que fue el tenella
                      por mí, la causa de hablalla.⁴⁶

25   TRISTÁN.   Negar debe de importalla *(A DON GARCÍA.)*
                      por la que está junto della,
                              ser Lucrecia.⁴⁷

---

⁴⁵ **toro nuevo…**The matador must use a different approach with each new bull he
faces in the ring, so Don García must change his tactics in love with each new woman.
⁴⁶ **y quiere…** *and now he wants to correct it by letting on that the reason for
speaking to her was that he mixed us up.*
⁴⁷ **Negar debe de…** *It must be important for her to deny being Lucrecia, on
account of the woman who is next to her.*

DON GARCÍA.   Así lo entiendo,
que si 'por mí° lo negara,   on my account
encubriera° ya la cara,   cover
pero no se conociendo,⁴⁸
5   ¿se hablaran las dos?

TRISTÁN.   Por puntos
suele en las iglesias verse
que parlan, sin conocerse,
los que aciertan° a estar juntos.   happen

10 DON GARCÍA.   Dices bien.

TRISTÁN.   Fingiendo agora
que se engañaron tus ojos,
lo enmendarás.

DON GARCÍA.   Los antojos°   desires
15 de un ardiente amor, señora,
me tienen tan deslumbrado°   dazzled
que por otra os he tenido.
Perdonad, que yerro ha sido
de esa cortina° causado;   veil
20   que, como a la fantasía
fácil engaña el deseo,
cualquiera dama que veo,
'se me figura° la mía.   I imagine

JACINTA.   Entendíle la intención. *(Aparte.)*

25 LUCRECIA.   Avisóle la taimada.° *(Aparte.)*   sly woman

JACINTA.   Según eso, la adorada
es Lucrecia.

DON GARCÍA.   El corazón,
desde el punto que la vi,
30   la hizo dueño de mi fe.

JACINTA.   ¡Bueno es esto! *(A LUCRECIA, aparte.)*

---

⁴⁸ **pero no se...** but not knowing each other.

LUCRECIA.	¡Que ésta 'esté *(Aparte.)*	
	haciendo burla° de mí!	making fun
	No me doy por entendida,	
	por no hacer aquí un exceso.[49]	

5 JACINTA.   Pues yo pienso que, a estar de eso
cierta, os fuera agradecida
Lucrecia.

DON GARCÍA.   ¿Tratáis° con ella?   are you acquainted

JACINTA.   Trato, y es amiga mía,
10   tanto, que me atrevería
a afirmar que en mí y en ella
vive sólo un corazón.

DON GARCÍA.   ¡Sí eres tú, bien claro está! *(Aparte.)*
¡Qué bien a entender me da
15   su recato° y su intención!   caution
        Pues ya que mi dicha ordena
tan buena ocasión, señora,
pues sois ángel, sed° agora   be
mensajera de mi pena.
20   Mi firmeza° le decid;   devotion
y perdonadme si os doy
este oficio.°   duty

TRISTÁN.   Oficio es hoy *(Aparte.)*
de las mozas° en Madrid.   girls

25 DON GARCÍA.   Persuadilda[50] que a tan grande
amor ingrata° no sea.   insensible

JACINTA.   Hacelde vos que lo crea,
que yo la haré que se ablande.[51]

DON GARCÍA.   ¿Por qué no creerá que muero,
30   pues he visto su beldad?

---

[49] **por no…** *in order not to make a scene.*

[50] **persuadilda** = **persuadidla** *persuade her.* It was common to transpose the sounds of the object pronoun (**la**) and the plural command form (**-id**).

[51] **Hacelde vos…** *You make her believe it, and I'll see to it that she relents.*

JACINTA.	Porque, si os digo verdad,	
	no os tiene por verdadero.°	truthful

DON GARCÍA.   ¡Ésta es verdad, vive Dios!

	JACINTA.	Hacelde vos que lo crea;

JACINTA.   Hacelde vos que lo crea;
5   ¿qué importa que verdad sea,
          si el que la dice sois vos?
               Que la boca mentirosa
          incurre en tan torpe° mengua,°   obscene, disgrace
          que solamente en su lengua
10   es *la verdad sospechosa*.[52]

DON GARCÍA.   Señora...

JACINTA.   Basta; mirad,
          que 'dais nota.°   attract attention

DON GARCÍA.   Yo obedezco.

15 JACINTA.   ¿Vas contenta? [A LUCRECIA]

LUCRECIA.   Yo agradezco,
          Jacinta, tu voluntad.°   good will
               (Vanse las dos.)

               [Escena VII]
20   *[DON GARCÍA, TRISTÁN]*

DON GARCÍA.   ¿No ha estado aguda° Lucrecia?   smart
          ¡Con qué astucia° dio a entender   astuteness
          que le importaba no ser
          Lucrecia!

25 TRISTÁN.   A fe que no es necia.

DON GARCÍA.   Sin duda que no quería
          que la conociese aquella
          que estaba hablando° con ella.   = I

---

[52] *la verdad sospechosa* It was common during the Golden Age to include the
words of the title of a play within the dialogue. The title will appear again near
the end of the play.

TRISTÁN.	Claro está que no podía
	obligalla otra ocasión
	a negar cosa tan clara,
	porque a ti no te negara
5	que te habló por su balcón,
	pues ella misma tocó°
	los puntos de que tratastes,
	cuando por él os hablastes.

                                           touched upon

DON GARCÍA.	En eso bien me mostró
10	que de mí no 'se encubría.°

                                           conceal herself

TRISTÁN.	Y por eso dijo aquello:
	«Y si os vuelven a hablar dello,°
	seréis casado en Turquía.».
	Y esta conjetura abona°
15	más claramente el negar
	que era Lucrecia, y tratar
	luego en tercera persona
	de sus propios pensamientos,
	diciéndote que sabía
20	que Lucrecia pagaría°
	tus amorosos intentos,
	'con que° tú hicieses, señor,
	que los llegase a creer.

of it (= marriage)

supports

would return

provided that

DON GARCÍA.	¡Ah Tristán! ¿Qué puedo hacer
25	para acreditar mi amor?
TRISTÁN.	¿Tú quieres casarte?
DON GARCÍA.	Sí.
TRISTÁN.	Pues pídela.
30 DON GARCÍA.	¿Y si resiste?
TRISTÁN.	Parece que no la oíste
	lo que dijo agora aquí,
	«Hacelde vos que lo crea,
	que yo la haré que se ablande.»
35	¿Qué indicio quieres más grande

de que ser tuya desea?
    Quien tus papeles recibe,
quien te habla en sus ventanas,
muestras ha dado 'bien llanas°   very plainly
de la afición con que vive.
    El pensar que eres casado
'la refrena° solamente,   holds her back
y queda ese inconveniente°   stumbling block
con casarte remediado.
    Pues es el mismo casarte,
siendo tan gran caballero,
información de soltero,
y, cuando quiera obligarte
    a que des información,
por el temor con que va
de tus engaños, no está
Salamanca en el Japón.[53]

DON GARCÍA.   Sí está para quien desea,[54]
que son ya siglos en mí
los instantes.

TRISTÁN.   Pues aquí,
¿no habrá quien testigo° sea?   witness

DON GARCÍA.   Puede ser.

TRISTÁN.   Es fácil cosa.

DON GARCÍA.   Al punto los buscaré.

TRISTÁN.   Uno yo te le daré.

DON GARCÍA.   ¿Y quién es?

TRISTÁN.   Don Juan de Sosa.

DON GARCÍA.   ¿Quién? ¿Don Juan de Sosa?

---

[53] **no está Salamanca...** The proof of Don García's bachelorhood can be obtained from Salamanca, which is not nearly as far away as Japan.
[54] **si está...** *For someone who desires* [love], *it is that far.*

TRISTÁN.   SÍ.

DON GARCÍA.   Bien lo sabe.

TRISTÁN.   Desde el día
que te habló en la Platería
5   no le he visto, ni él a ti.
               Y aunque siempre he deseado
saber qué pesar° te dio   distress
el papel que te escribió,
nunca te lo he preguntado,
10   viendo que entonces, severo
negaste y descolorido;°   pale
mas agora, que ha venido
tan 'a propósito,° quiero   appropriately
               pensar que puedo,° señor,   *i.e.,* puedo *pregun-*
15   pues secretario me has hecho   *tarte*
del archivo de tu pecho,[55]
y se pasó aquel furor.°   anger

DON GARCÍA.   Yo te lo quiero contar,
que, pues sé por experiencia
20   tu secreto y tu prudencia,
bien te lo puedo fiar.
               A las siete de la tarde
me escribió que me aguardaba
en San Blas don Juan de Sosa,
25   para un caso de importancia.
Callé, por ser desafío,
que quiere, el que no lo calla,
que le estorben, o le ayuden,[56]
cobardes acciones ambas.
30   Llegué al aplazado° sitio,   appointed
donde don Juan me aguardaba
con su espada y con sus celos,
que son armas de ventaja.°   advantage
Su sentimiento propuso,°   stated
35   satisfice° a su demanda,   agreed
y, por 'quedar bien,° al fin   make a good show-
                                                     ing

---

[55] **pues secretario…** *you have made me the confidant of your innermost secrets.*
[56] **que quiere…** *the man who doesn't keep* [the news of a duel] *to himself either wants to be stopped or helped.*

desnudamos las espadas.
Elegí mi medio° al punto,   distance
y, haciéndole una ganancia
por los grados del perfil,[57]
5   le di una fuerte estocada°.   thrust
Sagrado° fue de su vida   safeguarded
un Agnus Dei[58] que llevaba;
que topando° en él la punta,   striking
hizo dos partes mi espada.
10   Él sacó pies[59] del gran golpe,
pero con ardiente rabia,°   rage
vino, tirando una punta:[60]
mas yo, 'por la parte flaca,°   toward the point
cogí su espada, formando
15   un atajo.[61] ¡Él, presto, saca
(como la respiración
tan corta línea le tapa,
por faltarle los dos tercios
a mi poco fiel espada)
20   la suya, corriendo filos,[62]
y, como cerca me halla,
(porque yo busqué el estrecho°   close quarters
por la falta de mis armas)
a la cabeza, furioso,
25   me tiró una cuchillada.°   slash
Recibíla en el principio
de su formación y baja,
matándole el movimiento,
sobre la suya mi espada.[63]

---

[57] **haciéndole una…** A maneuver in fencing in which one person steps to the side of his opponent and attacks from that vantage point.

[58] **Agnus Dei** *Lamb of God*. Don Juan was saved by a medal he was wearing which carried the image of a lamb made of wax mixed with the dust of the bones of saints and inscribed with the words "Agnus Dei." These medals were usually blessed by the Pope.

[59] **Él sacó…** *He stepped back.*

[60] **tirando una punta** *delivering blows with his sword.*

[61] **atajo** The name of the parry when two swords cross each other.

[62] **¡Él, presto…** Don Juan took advantage of the fact that Don García had lost ⅔ of his sword and slipped out of the **atajo**.

[63] **Recibíla en el principio…** Don García broke the thrust by getting his sword under don Juan's sword.

¡Aquí fue Troya![64] Saqué
un revés[65] con tal pujanza,°   force
que la falta de mi acero
hizo allí muy poca falta,
que, abriéndole en la cabeza
un palmo de cuchillada,[66]
vino° sin sentido al suelo,   he was
y aun sospecho que 'sin alma.°   lifeless
Dejéle así y con secreto
me vine. Esto es lo que pasa,
y de no verle estos días,
Tristán, es ésta la causa.

TRISTÁN.   ¡Qué suceso° tan extraño!   event
                   ¿Y si murió?

DON GARCÍA.   Cosa es clara,
                   porque hasta los mismos sesos°   brains
                   esparció° por la campaña.°   scattered, field

TRISTÁN.   ¡Pobre don Juan!

                        [Escena VIII]
                   (Salen DON JUAN y DON BELTRÁN
                        por otra parte.) [Dichos]

TRISTÁN.   Mas ¿no es éste
                   que viene aquí?

DON GARCÍA.   ¡'Cosa extraña!°

TRISTÁN.   ¿También a mí me la pegas?°
                   ¿Al secretario del alma?
                   ¡Por Dios que se lo creí, (Aparte.)
                   con conocelle las mañas!°
                   Mas, ¿a quién no engañarán
                   mentiras 'tan bien trobadas?°   so well fashioned

[64] ¡Aquí fue Troya! *So went Troy!* This reference to the downfall of Troy can be
applied to the downfall of any undertaking.
[65] un revés a thrust from left to right.
[66] palmo de cuchillada... a slash the size of a palm, about 4-5 inches in length.

DON GARCÍA.   Sin duda que le han curado
                por ensalmo.°   spell

TRISTÁN.   Cuchillada
                que rompió los mismos sesos,
5   ¿en tan breve tiempo sana?

DON GARCÍA.   ¿Es mucho? Ensalmo sé yo,
                con que un hombre en Salamanca,
                a quien cortaron a cercén[67]
                un brazo con media espalda,°   shoulder
10   volviéndosele a pegar,[68]
                en menos de una semana
                quedó tan sano y tan bueno
                como primero.[69]

TRISTÁN.   ¡Ya escampa![70]

15 DON GARCÍA. Esto no me lo contaron,
                yo lo vi mismo.

TRISTÁN.   Eso basta.

DON GARCÍA.   De la verdad, por la vida,
                no quitaré° una palabra.   take back

20 TRISTÁN.   ¿Que ninguno se conozca?[71] *(Aparte.)*
                Señor, mis servicios paga,
                con enseñarme ese ensalmo.

DON GARCÍA.   Está en 'dicciones hebráicas,°   Hebrew words
                y, si no sabes la lengua,
25   no has de saber pronunciarlas.

TRISTÁN.   Y tú, ¿sábesla?

DON GARCÍA.   ¡Qué bueno!

---

[67] **cortaron…** *they amputated.*
[68] **volviéndosele…** *he stuck it on himself again.*
[69] **como primero** *as* [he had been] *in the beginning.*
[70] **¡Ya escampa!** A colloquial phrase for *he is forever babbling!*
[71] **¡Que ninguno…** *Can it be that you never get to know a person?*

'Mejor que° la castellana;   better than
hablo diez lenguas.

TRISTÁN.   Y todas (Aparte.)
para mentir no te bastan:
«Cuerpo de verdades lleno»
con razón el tuyo llaman,
pues ninguna sale dél.
Ni hay mentira que no salga.[72] (Aparte.)

DON BELTRÁN.   ¿Qué decís? [A DON JUAN]

DON JUAN.   Esto es verdad;
ni caballero ni dama
tiene, si mal no me acuerdo,
de esos nombres Salamanca.[73]

DON BELTRÁN.   Sin duda que fue invención (Aparte.)
de García, cosa es clara.
Disimular me conviene.
Gocéis por edades largas
con una rica encomienda°   income
de la Cruz de Calatrava.[74]

DON JUAN.   Creed que siempre he de ser
más vuestro,[75] cuanto más valga.
Y perdonadme, que ahora,
por andar dando las gracias
a esos señores,[76] no os voy

[72] «Cuerpo de... *Body full of truths* Tristán is saying that Don García is full of truth because only lies get out, therefore the truth must be trapped inside.

[73] de esos... A reference to doña Sánchez de Herrera, whom Don García had said he had married in Salamanca in Act II, Scene IX, and her family.

[74] Cruz de Calatrava An old military and religious order founded in 1158. Its members were noblemen who combined their religious practices with bravery in battle. They became very powerful and wealthy as they fought in the reconquest of Spain from the Moors. In order to advance their positions, they made use of political connections with powerful landowners, as don Juan is doing in this scene.

[75] más vuestro = más a vuestro servicio.

[76] a esos señores *those gentlemen*, the men who awarded him the Cruz de Calatrava .

sirviendo hasta vuestra casa.[77] *(Vase.)*

[*Escena IX*]
[DON BELTRÁN, DON GARCÍA, TRISTÁN]

DON BELTRÁN.   ¡Válgame Dios! ¿Es posible *(Aparte.)*
5   que a mí no me perdonaran
                      las costumbres° deste mozo?   vices
                      ¿Que aun a mí 'en mis propias canas°   to my face
                      me mintiese, al mismo tiempo
                      que riñéndoselo° estaba?   admonishing him
10   ¿Y que le creyese yo,   for it
                      en cosa tan de importancia,
                      'tan presto,° habiendo ya oído   quickly
                      de sus engaños la fama?
                      Mas, ¿quién creyera que a mí
15   me mintiera, cuando estaba
                      reprehendiéndole eso mismo?[78]
                      Y, ¿qué juez° se recelara°   judge, might
                      que el mismo ladrón le robe,   suspect
                      de cuyo castigo° se trata?   punishment

20   TRISTÁN.   ¿Determinaste a llegar? [*A* DON GARCÍA]

     DON GARCÍA.   Sí, Tristán.

     TRISTÁN.   Pues Dios 'te valga.°   help you

     DON GARCÍA.   Padre…

     DON BELTRÁN.   ¡No me llames padre;
25   vil!° Enemigo me llama,   vile (person)
                      que no tiene sangre mía
                      quien no 'me parece° en nada.   resemble me
                      Quítate° de ante mis ojos,   get away
                      que, ¡por Dios! si no mirara…

30   TRISTÁN.   El mar está por el cielo;[79] *(A* DON GARCÍA*) (Aparte.)*

---

[77] **no os voy…** *I can't go with you to your house.*
[78] **cuando estaba…** *when I was castigating him for that very same offense.*
[79] **El mar…** *The sea is high*, which means that a storm is coming, a time for caution.

                                mejor ocasión aguarda.

Don Beltrán.   ¡Cielos! Qué castigo es éste?
                ¿Es posible que a quien ama
                la verdad como yo, un hijo
5   de condición tan contraria
                'le diésedes?° ¿Es posible   give him
                que quien tanto su honor guarda,
                como yo, engendrase° un hijo   begat
                de inclinaciones tan bajas?
10   ¿Y a Gabriel, que honor y vida
                daba a mi sangre y mis canas,°   age
                llevásedes° tan en flor?   take him away
                Cosas son que, a no mirarlas
                como cristiano…⁸⁰

15 Don García.   ¿Qué es esto? *[Aparte.]*

    Tristán.   ¡Quítate de aquí! ¿Qué aguardas? *[Aparte a su amo]*

    Don Beltrán.   Déjanos solos, Tristán.
                     Pero vuelve, no te vayas.⁸¹
                     Por ventura, la vergüenza,
20   de que sepas tú su infamia
                     podrá en él lo que no pudo
                     el respeto de mis canas.
                     Y cuando ni esta vergüenza
                     le obligue a enmendar sus faltas,
25   servíréle por lo menos
                     de castigo el publicallas.
                     Di, liviano,° ¿qué fin llevas?   wicked (one)
                     Loco, di, ¿qué gusto sacas°   get out of
                     de mentir tan sin recato?
30   Y, cuando con todos vayas
                     tras tu inclinación, ¿conmigo
                     siquiera no 'te enfrenaras?°   restrain yourself
                     ¿Con qué intento el matrimonio
                     fingiste de Salamanca,

---

⁸⁰ **Cosas son…** *They are things that, if I didn't look on them from a Christian point of view* [I couldn't bear them].

⁸¹ **Déjanos solos…** Don Beltrán changes his mind, first sending Tristán away, then telling him to stay.

para quitarles también
el crédito a mis palabras?[82]
¿Con qué cara° hablaré yo,   manner
a los que dije que estabas
5   con doña Sancha de Herrera
desposado?° ¿Con qué cara,   married
cuando, sabiendo que fue
fingida° esta doña Sancha,   imagined
por cómplices° del embuste   accomplices
10   infamen° mis nobles canas?   defame
¿Qué medio tomaré yo
que saque bien esta mancha,°   stain
pues, a mejor negociar,[83]
si de mí quiero quitarla,
15   he de ponerla en mi hijo,
y diciendo que la causa
fuiste tú, he de ser yo mismo
pregonero° de tu infamia?   herald
Si algún cuidado amoroso
20   te obligó a que me engañaras,
¿qué enemigo te oprimía?°   oppressed
¿qué puñal° te amenazaba,°   dagger, threatened
sino un padre, padre al fin?
Que este nombre solo basta
25   para saber de qué modo
le enternecieran° tus ansias.   touch
¡Un viejo que fue mancebo,
y sabe bien la pujanza
con que en pechos juveniles
30   prenden° 'amorosas llamas!°   light, amorous
                                                              flames

DON GARCÍA.   Pues si lo sabes, y entonces
para excusarme bastara,
para que mi error perdones
agora, padre, me valga.
35   Parecerme que sería
respetar poco tus canas
no obedecerte, pudiendo,
me obligó a que te engañara.
Error fue, no fue delito;

---

[82] **para quitarles...** *in order to discredit my words too?*
[83] **pues, a...** *the best I can do.*

no fue culpa,° fue ignorancia;   fault
la causa, amor; tú mi padre:
¡pues tú dices que esto basta!
Y ya que el daño° supiste,   harm
5   escucha la hermosa causa,
porque el mismo dañador
el daño te satisfaga.
Doña Lucrecia, la hija
de don Juan de Luna es alma
10   desta vida, es principal,
y heredera° de su casa.   heiress
Y, para hacerme dichoso
con su hermosa mano, falta
sólo que tú lo consientas,
15   y declares que la fama
de ser yo casado tuvo
ese principio, y es falsa.

DON BELTRÁN.   No, no. ¡Jesús! ¡Calla! ¿En otra
'habías de meterme?° ¡Basta!   have put me
20   Ya, si dices que ésta es luz,°   truth
he de pensar que me engañas.

DON GARCÍA.   No, señor, lo que a las obras
se remite,° es verdad clara;°   submits, plain
y Tristán, de quien te fías,
25   es testigo de mis ansias.
Dilo, Tristán.

TRISTÁN.   Sí, Señor:
lo que dice es lo que pasa.

DON BELTRÁN.   ¿No 'te corres° desto? Di: be ashamed
30   ¿no te avergüenza,° que hayas   embarrass
menester que tu criado
acredite° lo que hablas?   affirm
Ahora bien, yo quiero hablar
a don Juan, y el cielo haga[84]
35   que te dé a Lucrecia, que eres
tal que ella es la engañada.
Mas primero he de informarme

---

[84] **el cielo haga** *God grant.*

en esto de Salamanca,[85]
que ya temo que, en decirme
que me engañaste, me engañas.
Que aunque la verdad sabía,
5   antes que a hablarte llegara,
la has hecho ya sospechosa
tú, con sólo confesarla. (*Vase.*)

DON GARCÍA.   ¡Bien se ha hecho!

TRISTÁN.   ¡Y cómo bien!
10   Que yo pensé que hoy probabas°   tried
'en ti° aquel salmo hebreo,   on yourself
que brazos cortados sana. (*Vanse.*)

                  [*Escena X*]
        [*Sala con vistas al jardín,° en casa*   garden
15   *de* DON JUAN DE LUNA, *de noche*]
     (*Salen* DON JUAN DE LUNA *y* DON SANCHO.)

DON JUAN DE
  LUNA.   Parece que la noche ha refrescado.°   cooled off

DON SANCHO.   Señor don Juan de Luna, para el río
20   éste es fresco, en mi edad, demasiado.°   too much

DON JUAN DE
  LUNA.   Mejor será que en ese jardín mío
se nos ponga la mesa, y que gocemos
la cena con sazón,° templado° el frío.   comfortably, mod-
                                                        erated
25 DON SANCHO.   Discreto parecer. Noche tendremos
que dar a Manzanares más templada,
que ofenden la salud estos extremos.[86]

DON JUAN DE
30 LUNA.   Gozad de vuestra hermosa convidada°   guest (= Jacinta)
              (*Dirigiéndose adentro.°*)   speaking offstage

[85] **esto de Salamanca** This refers to Don García's fictitious marriage to doña
Sancha of Salamanca.
[86] **Noche tendremos…** Don Sancho assures don Juan that they will have supper
by the river another night when the temperature is more comfortable.

por esta noche en el jardín, Lucrecia.

DON SANCHO. Veáisla, 'quiera Dios,° bien empleada,°   God willing, well-
                  que es un ángel.   married

DON JUAN DE
5   LUNA.   Demás de que no es necia,
    y ser cual veis, don Sancho, tan hermosa,
    menos que la virtud la vida precia.[87]

    [Escena XI] (Sale un criado.) [Dichos.]

CRIADO.   Preguntando por vos don Juan de Sosa
10   *[A DON SANCHO]*
    a la puerta llegó, y pide licencia.°   permission

DON SANCHO. ¿A tal hora?

DON JUAN DE
    LUNA.   Será ocasión forzosa.°   pressing

15 DON SANCHO. Entre el señor don Juan. *(Vase el criado a avisar)*

               [Escena XII]
      (Sale DON JUAN, galán, con un papel.)
      [DON JUAN DE LUNA, DON SANCHO]

DON JUAN.   A esa presencia, *[A DON SANCHO]*
20   sin el papel que veis, nunca llegara;
    mas ya con él[88] faltaba la paciencia,
    que no quiso el amor que dilatara°   put off
    la nueva un punto, si alcanzar° la gloria   achieving
    consiste en eso de mi prenda° cara.   dear one's
25   Ya el hábito salió,° si en la memoria   was issued
    la palabra tenéis que me habéis dado,
    colmaréis,° con cumplirla, mi victoria.   will complete

DON SANCHO. Mi fe, señor don Juan, 'habéis premiado,°   have rewarded
    con no haber esta nueva tan dichosa

---

[87] **la virtud...** This alternate word order is clearer, **[Ella] precia la virtud más que la vida.**
[88] **él** refers to **el papel**.

por un momento solo dilatado.
A darla voy a mi Jacinta hermosa,
y perdonad que, por estar desnuda,°   undressed
no la mando salir. *(Vase.)*

5 DON JUAN DE
   LUNA.   Por cierta cosa
                         tuve siempre el vencer, que el cielo ayuda
                         la verdad más oculta° y premiada;°   hidden, oppressed
                         dilación pudo haber, pero no duda.

10   *[Escena XIII]*
                 (Salen DON GARCÍA, DON BELTRÁN *y* TRISTÁN *por otra parte.)*
                   *[*DON JUAN DE LUNA, DON JUAN DE SOSA*]*

DON BELTRÁN.   Ésta no es ocasión acomodada°   suitable
                       de hablarle, que hay visita, y una cosa
15   tan grave° a solas ha de ser tratada.   serious

DON GARCÍA.   Antes° nos servirá don Juan de Sosa   rather
                      en lo de Salamanca por testigo.

DON BELTRÁN. ¡Que lo hayáis menester! ¡Qué infame cosa!
                      En tanto que a don Juan de Luna digo
20   nuestra intención, podréis entretenello.°   to delay it

DON JUAN DE
   LUNA.   ¡Amigo Don Beltrán!

DON BELTRÁN.   ¡Don Juan amigo!

DON JUAN DE
25 LUNA.   ¿A tales horas tal exceso?°   = of courtesy

DON BELTRÁN.   En ello
                   conoceréis que estoy enamorado.

DON JUAN DE
   LUNA.   ¡Dichosa la que pudo merecello!

30 DON BELTRÁN.   Perdón me habéis de dar, que haber hallado
                       la puerta abierta, y la amistad que os tengo,

para entrar sin licencia me la han dado.

DON JUAN DE
  LUNA.   Cumplimientos° dejad, cuando prevengo°   civility, anticipate
              'el pecho a la ocasión° desta venida.   the reason

5 DON BELTRÁN. Quiero deciros, pues, a lo que vengo.

DON GARCÍA.   Pudo, señor don Juan, ser oprimida
                  [A DON JUAN DE SOSA]
              de algún pecho de envidia emponzoñado°   poisoned
              verdad tan clara, pero no vencida.
10   Podéis, por Dios, creer que me ha alegrado
              vuestra victoria.

DON JUAN DE
  SOSA.   De quien sois lo creo.

DON GARCÍA.   Del hábito gocéis encomendado,°   of a commander
15   como vos merecéis, y yo deseo.

DON JUAN DE
  LUNA.   Es en eso Lucrecia tan dichosa
              que pienso que es soñado el bien que veo.
                  Con perdón del señor don Juan de Sosa,
20   oíd una palabra, Don García,
              que a Lucrecia queréis por vuestra esposa
              me ha dicho Don Beltrán.

DON GARCÍA.   El alma mía,
              mi dicha,° honor y vida está en su mano.   success

25 DON JUAN DE
  LUNA.   Yo, desde aquí, por ella os doy la° mía;   = hand
                  (*Danse las manos.°*)   they shake hands
                  que como yo sé en eso lo que gano,
              lo sabe ella también, según la he oído
30   hablar de vos.

DON GARCÍA.   Por bien tan soberano,
              los pies, señor don Juan de Luna, os pido.

[*Escena XIV*]
(*Salen* DON SANCHO, JACINTA *y* LUCRECIA.)
[*Dichos*]

LUCRECIA.   Al fin, tras tantos contrastes,°   obstacles
5   tu dulce esperanza logras.

JACINTA.   Con que tú logres la tuya,
                     seré del todo dichosa.

DON JUAN DE
    LUNA.   Ella sale con Jacinta
10   ajena° de tanta gloria,   unaware
                     más de calor° descompuesta,°   heat, tumpled
                     que aderezada° de boda.   prepared
                     Dejad que albricias° le pida   reward
                     de una nueva tan dichosa.

15 DON BELTRÁN.   Acá está don Sancho, ¡Mira (*Aparte a* DON GARCÍA)
                     en qué vengo a verme agora!

DON GARCÍA.   Yerros causados de amor,
                     quien es cuerdo° los perdona.   wise

LUCRECIA.   ¿No es casado en Salamanca? [*A* DON JUAN DE LUNA]

20 DON JUAN DE
    LUNA.   Fue invención suya engañosa,
                     procurando que° su padre   so that
                     no le casase con otra.

LUCRECIA.   Siendo así, mi voluntad
25   es la tuya, y soy dichosa.

DON SANCHO.   Llegad, ilustres mancebos,
                     a vuestras alegres novias,
                     que dichosas se confiesan
                     y os aguardan amorosas.

30 DON GARCÍA.   Agora de mis verdades
                     darán probanza° las obras.   proof
            (*Vanse* DON GARCÍA *y* DON JUAN *a* JACINTA.)

DON JUAN.   ¿Adónde vais, Don García?
                   Veis allí a Lucrecia hermosa.

DON GARCÍA.   ¿Cómo Lucrecia?

DON BELTRÁN.   ¿Qué es esto?

5   DON GARCÍA.   Vos sois mi dueño, señora. *(A JACINTA.)*

DON BELTRÁN.   ¿Otra tenemos?[89]

DON GARCÍA.   Si el nombre
                   erré, no erré la persona.
                   Vos sois a quien yo he pedido,
10   y vos la que el alma adora.

LUCRECIA.   Y este papel, engañoso,
                        (Saca un papel.)
                   que es de vuestra mano propria,
                   ¿lo que decís, no desdice?

15 DON BELTRÁN.   ¡Que en tal afrenta° me pongas!   disgrace

DON JUAN.   Dadme, Jacinta, la mano,
                   y daréis fin a estas cosas.

DON SANCHO.   Dale la mano a don Juan

JACINTA.   Vuestra soy. *(A DON JUAN, galán)*

20 DON GARCÍA.   Perdí mi gloria. *(Aparte.)*

DON BELTRÁN.   ¡Vive Dios, si no recibes
                   a Lucrecia por esposa,
                   que te he de quitar la vida!

DON JUAN DE
25   LUNA.   La mano os he dado agora
                   por Lucrecia, y me la distes,
                   si vuestra inconstancia loca
                   'os ha mudado° tan presto,   has changed you

---

[89] ¿Otra tenemos? = ¿Otra *mentira* tenemos?

> yo lavaré mi deshonra
> con sangre de vuestras venas.

TRISTÁN.   Tú tienes la culpa toda;
                   que si al principio dijeras
5   la verdad, ésta es la hora
                   que de Jacinta gozabas.
                   Ya no hay remedio, perdona,
                   y da la mano a Lucrecia,
                   que también es buena moza.

10 DON GARCÍA.   La mano doy, pues es fuerza.

TRISTÁN.   Y aquí verás cuán dañosa
                   es la mentira, y verá
                   el senado,° que, en la boca   audience
                   del que mentir acostumbra,
15   es *la verdad sospechosa*.

                        FIN DE LA COMEDIA
                        La verdad sospechosa

Spanish-English Glossary

THIS GLOSSARY CONTAINS ALL of the words in *La verdad sospechosa*, as well as the Introduction. Most of the words from the play are marked by the Act and Scene where they first appear. For example, (I,3) stands for *Act One, Scene Three*.

Verbs appear in the infinitive form, with stem changes and unusual tense forms noted in parentheses after the verb entry. Adjectives will be found in the masculine singular form, with -a marking the adjectives that end in o.

Abbreviations used:

adv. adverb *p.p.* past participle
coll. colloquial *pl.* plural
f. feminine *pres. part.* present participle
m. masculine

A

a to, near *or* close to, at, on by, in, up

abierto, -a open (III,2), opened, clear, sincere, candid (from **abrir**)

ablandarse to soften, to relent (III,3), to soothe

abonar to support (III,7), to endorse, to pay

aborrecer to loathe, to hate (II,16), to bore

abrasado, -a red hot, burning, consumed (by love) (III,3), so in love (II,9), flushed, angry

abrasar to burn (I,8), to set on fire, to provoke; **—se** to burn with impatience (I,4), to be agitated by passion

abrazar to hug (II,9), to clasp

abreviar to cut short (II,9), to reduce, to hasten

abrir to open (III,5), to unlock, to unfasten

absorto,-a absorbed in thought, astonished, astounded, **con quedar —a** to strike with amazement (II,9)

abuelo *m.* grandfather, old man **—s** ancestors; **altos —s** high-born ancestors (II,9)

acá here (I,2); **por —** this way; **después —** from then on, since that time (III,3)

acabar to conclude (Intro.), to finish (II,6), to achieve; **—se** to be finished, to

153

perish

acarrear to cause (II,6), to bring about, to carry

acaso chance (II,8), accident; *adv.* by accident, by chance, perhaps ;**si —** if (II,11)

acción *f.* action, feat, act

acento *m.* tone, inflection, quality, accent

aceptar to accept

acercarse to come near to, to approach (II,15)

acero *m.* sword (II,9), steel; **—s** *fig.* courage, spirit

acertar (e>ie) to hit the mark, to be right, to happen (III,6)

acetar (= **aceptar**) to accept

acomodado, - a convenient, fit, suitable (III,13), pleased

acompañar to attend, to accompany, to follow

aconsejar to counsel, to advise (II,6)

acordarse (o>ue) to recollect, to come to an agreement, to remember (III,2)

acostarse (o>ue) to lie down, to go to bed (II,13)

acostumbrado, - a accustomed, customary, usual

acostumbrar to be in the habit of, to accustomed to; **—se a** to be used to

acrecentamiento m. profession, increase, growth (I,2)

acrecentar to increase (II,9), to promote, to advance

acreditado, -a accredited, trusted, distinguished, famous; **mal —** discredited (II,16)

acreditar to vindicate, to prove (II,8), to assure, to affirm (III,9);

acto *m.* action, event, ceremony,act

acuchillarse to fight with knives or swords

acudido, -a assisted, attended (to), sup-

ported

acudir to assist, to attend (to), to support, to come (to) (I,1)

acuerdo *m.* recollection, memory, consciousness (II,9), agreement, accord

adelante ahead, forward, onward; **— de** farther off; **de aquí —**, in the future, from now on (II,12)

adentro (= **dentro**) within, inside, indoors

aderezar to prepare (III,14), to saddle a horse (II,5), to fix (II,9), to prepare

aderezo *m.* dressing, adorning, finery, trappings of a horse

adherente *m.* attendant, follower (I,3)

adiós good-bye

admiración *f.* astonishment, wonder, admiration

admirar to admire, to surprise (I,9), to marvel, to wonder, to wonder at, **—se** to be amazed (II,5), to wonder at

admitir to receive, to accept (III,4), to believe, to concede, to admit

adonde where, ¿**a dónde?** to what place?

adorar to idolize, to worship, to adore (II,8)

advertido, - a cautious, discreet, paying close attention, heedful (III,1)

advertir (e>ie) to take warning, to notice (I,3), to observe (I,7), to consider; to bear in mind (III,4)

afición *f.* devotion (III,1), love (I,5), fondness for

aficionado, -a fond of, having a liking for

afirmar to affirm, to assure, to say;**— se** to strengthen oneself, to brace

afligir to cause pain to, to afflict (I,1), to annoy; **—se** to become depressed or upset, to be distressed (II,9)

afrenta *f.* shame, dishonor (I,8), disgrace (III,14), insult

afrentar to insult, to affront (I,8), to disgrace, to outrage

afrentoso, -a shameful, disgraceful (II,9)

Agnus Dei (*Latin*) a representation of Christ as a lamb, often holding a cross or a flag (III,7)

agora = ahora (I,8)

agradar to gratify, to please (I,3), to humor

agradecer (1st person present indicative **agradezco**) to thank a person for, to be grateful for

agradecido, -a appreciative (I,2), grateful (III,6), thankful

agradecimiento *m*. gratitude (I,2), thankfulness

agraviar to harm, to wrong, to injure, to offend (I,5)

agravio *m*. damage (Intro.), injury (I,11), offense (I,4)

agresor *m*. attacker, person or nation who makes an unprovoked attack, assailant (II,9)

agriamente, agramente (I,2), harshly, sourly, bitterly

aguardar to wait for (II,8), to expect, to stop to see — **a que** to wait until

agudo, -a clever(II,8), smart (III,7), quick of mind, witty

agüero *m*. the practice of predicting the future from omens or signs (I,3), sacrifice, forecast

ahora now, just now, a moment ago; -- **bien** well then (I,2)

aire *m*. air, wind

ajar to rumple (I,3), to spoil, to fade

ajeno, -a strange, unaware of (III,14)

ala *f*. wing (I,10)

alabanza *f*. glory, praise (I,3)

alabar to extol, to praise (I,7), to glorify

alborotado, - a disturbed, excited (II,9), agitated

albricias *f. pl.* congratulations, a reward for good news (III,14)

alcanzar to reach (I,2), to prevail (I,5), to attain (III,4), to obtain, to achieve (III,12), to come up to

alcayata *f*. spike, hook (II,9)

alce see **alzar**

Alcides Hercules in Greek and Roman mythology was the son of Zeus, known for his feats of strength (II,13)

alcuña *f*. ancestory, lineage (II,9)

aldaba *f*. door handle, knocker (II,9), clapper

aldea *f*. small village (I,8)

alegrar to cause to rejoice, to make glad, to exhilarate; —**se** to cheer up, to be glad

alegre merry, joyful, happy (I,2)

alegría *f*. merriment, joy, happiness

Alejandro Magno Alexander the Great, King of Macedonia (356-323 B.C.) (I,7)

alfombra *f*. carpet (Intro.)

algún, alguno, -a some, some… or other, any

alivio *m*. ease of pain, relief (III,3), improvement

aljaba *f*. quiver; **de tu** — on your own account (III,1)

allá there, over there

allí there, in that place

alma *f*, mind, soul (I,3), spirit (II,1), life; **sin** — lifeless (III,7)

alto, -a tall, high, lofty, superior, noble

alumbrar to shine (I,3), to light, to illuminate

alzar to lift up, to raise, to rise, to get up (I,2)

amada *f*. sweetheart, beloved

amante *m.&f*. sweetheart, lover; *adj*. loving

amar to love, to like, to fancy

ambicioso, -a aspiring, ambitious

ambos -as both (III,7)

amén amen, so be it

amenazar to demand (I,3), to threaten (III,9), to be a danger to

amiga *f.* friend

amigo *m.* friend

amistad *f.* friendship (Intro.)

amo *m.* head of a house, master, employer

amor *m.* love, tenderness, affection (I,2); -es love, love affair(s), courtly manners, also see **propio amor**

amoroso, -a amorous (III,9), loving, kind, affectionate

andar to move around (I,3) to be (II,5), to walk, to go (Intro.), to behave

ángel *m.* angel (III,6), term of affection

angosto, -a tight-fitting, narrow, close

animal *m.* animal (II,9), rough or rude person

ánimo *m.* soul, spirit (I,2), nature, courage, heart; — **fiel** faithful spirit (II,5)

animoso, -a courageous (II,9), brave; *adv.* bravely (II,9)

anoche last night

anochecer to get dark (II,13), to become night; **al** — earlier this evening (II,15) ; *n.m.* dusk

ansia *f.* anxiety (III,9), eagerness, longing

antes rather (III,13), before (II,9), better

Anticristo *m.* an opponent of or disbeliever in Christ; the name of one of Alarcon's *comedias* (Intro.)

antojarse to occur (II,9), to long for, to take a notion, to fancy

antojo *m.* whim, desire (III,6), fancy, *pl.* spectacles (I,3)

antorcha *f.* torch (I,7), taper, a large ornamental candlestick

añadir to increase, to add (III,2), to join

año *m.* year (II,16)

apanalado, - a pleated, honey-combed; **cuello** — *m.* a ruff, or broad pleated collar of linen or muslin cloth (I,3), some ruffs were very fancy and large; a manner of dress which started in Flanders and became popular during the seventeenth century in Spain

aparador *m.* shop window (I,5), sideboard (I,7), table, cupboard, shelf, dresser

apariencia *f.* likeness, appearance (I,8), aspect

aparte *m.* in theater, an aside, i.e. when a character speaks to the audience, not to the other actors (I,5)

apearse to step down (I,3), to descend, to get down, to dismount

apenas hardly (III,6), scarcely (I,7), no sooner

aplazado, -a placed, appointed (III,7)

Apolo Apollo (I,7); also see **Febo**

aposento *m.* room (II,9), apartment, inn, balcony seats in a theater (Intro.)

apresurar to hurry, to hasten (I,7), to speed up

apriesa (= **aprisa**) in haste, in a hurry

aprobar (o>ue) to like, to approve (I,10), to praise

aprovechar to take advantage of, to be an advantage (II,8), to profit by, to progress, to improve; to be useful (I,8)

aquel (**aquella, -os, -as**) *adj.* that ___ over there (II,5) *n.* that one (those ones) over there

aquí in this place, here, now; **desde** — (**adelante**) from here, from this time on, henceforth

arca *f.* box, chest (II,9), coffer

arco *m.* bow

archivo *m.* record, archive (III,7)

ardiente burning (I,1), glowing (I,3), hot,

intense (III,7)

ardor *m.* emotional warmth, heat, passion (II,9)

arena *f.* sand (I,7)

Aries Aries *Lat.* ram; the first sign of the zodiac, about March 21 (I,3)

arma arms, weapon; — s coat of arms (II,9), *fig.* power

aroma *m.&f.* flower of the myrrh tree (I,7), scent

arpa *f.* lyre, harp

arrebatado, - a sudden, rapid, headlong (I,8)

arrebol *m.* red sky (I,3), cloud, rouge

arremeter to rush upon, to attack (I,2), to seize violently

arrepentido, -a penitent, repentant (III,6)

arrepentimiento *m.* repentance (III,6), a feeling of guilt

arrepentirse to repent (III,6), to regret

arriesgar to hazard, to risk (III,2)

arrimar to pile against (II,9), to approach, to bring near, **arrimado, - a** (a una cosa) close to (II,9), lean against

arrogancia *f.* superiority, arrogance (II,5)

arrojado, -a hurriedly, unthinking, daring; rash (II,5)

arrojamiento *m.* daring, boldness (I,9)

arrojarse to be impetuous (I,5), to rush around (II,4)

artificio *m.* art, workmanship, craft, skill, cunning (I,7)

asegurar to assure (I,2), to quiet, to calm, to affirm (III,4)

asentarse (e>ie) to sit down (II,9), to settle in

asesino *m.* murderer, assassin; *adj.* murderous

así so, thus, in this way

asido, -a caught, fastened, grasped

asiento *m.* position (I,3), seat, spot, place;

de —, permanently (I,7)

asir to seize (I,4), to hold (I,10), to grip

asombrar to frighten, to astonish; —se to be surprised (III,3), to be frightened

asombro *m.* dread, amazement, wonder (III,6)

aspirar to covet (II,8), to aspire, to long for

astrología *f.* astrology

astrólogo *m.* astrologer

astucia *f.* cleverness, intelligence, astuteness (III,7)

atajo *m.* a defensive posture or movement in fencing (III,7)

atender to listen (I,7), to attend, to pay attention to

atento, -a polite, attentive *adv.* attentively, politely

Atlante Atlas. In Greek Mythology, Atlas was a Titan who was condemned by Zeus to hold up the heavens with his shoulders (I,4)

Atocha A church in Madrid (II,9); **Paseo de** —, a street in the southern part of Madrid known for its shops

atormentar to cause pain, to torment; — se to torment oneself (I,10)

atrás behind (II,9), towards the back (Intro.)

atreverse to run a risk, to dare (I,3), to venture (I,9)

atributo *m.* a quality or characteristic of a person or thing, symbol (II,9)

atroz atrocious, terrible (II,9), apalling; -ces

audiencia *f.* a Spanish institution that both acted as a court of justice and had political powers (Intro.)

aumentar to enlarge, to increase (II,9)

aun, aún yet, as yet, nevertheless, still, even (II,8), further

aunque although (II,9)

aurora *f.* dawn (I,3), daybreak

autor, -a*m.&f.* maker, founder, author; — **del día** sun (I,5)

autoridad authority

avaro miserly (I,5), stingy

ave *f.* bird, fowl

avergonzar (o>ue) to embarrass (III,9), to shame

averiguado, -a certain (I,2), established, proven (I,11)

averiguar to inquire, to find out (II,13), to investigate, to verify (II,3)

avisar to announce, to inform, to advise, to give notice (II,7)

ayer yesterday (II,8)

ayo *m.* teacher, tutor

ayuda *f.* help, assistance, comfort

ayudar to aid, to assist, to help (Intro.)

B

bachiller, bachillero -a *m.&f.* bachelor, person having bachelor's degree

bachillerato *m.* baccalaureate degree (Intro.)

bajar to come down, to go down, to descend

bajeza baseness, (I,8), lowliness, evil action

bajo, -a low (III,7), lowered, short, common

balcón *m.* open gallery, balcony (II,1)

banquete *m.* great feast, banquet (II,15)

barba *f.* chin, beard (II,9)

barro *m.* earthenware, clay, porcelain (I,7)

bastante enough (II,5), quite, sufficiently

bastar to be enough (I,6), to be sufficient (II,9)

baúl *m.* chest, trunk (II,9)

bayo, -a reddish-brown color, especially used with horses ; *n.m.* a horse of reddish-brown color (II,7)

bebida *f.* beverage, potion, drink

beldad beauty (I,4), beautiful woman

bello, -a noble (III,5), beautiful (II,16), handsome

besar to kiss (I,9)

bestia *f.* beast, animal (II,9), dunce

bien well, good, well being, good fortune (I,7), blessed (I,3) **si** — even if, although

bien *m.* **-es** treasure (II,11), well being, benefit, good thing (II,9), good fortune (II,1); **con** — **vengas** welcome; — **hubiese** bless **mi** —, my darling, dearest

bienvenido, -a welcome (I,7)

bienvenida *f.* safe arrival, welcome

billete *m.* letter, love letter, note (III,3)

bisoño, -a novice, raw, inexperienced (I,1)

bizarría *f.* valor, spirit (II,9), courage

blanco, -a white, blank

boca *f.* lips, mouth (III,4)

boda *f.* fiesta (I,7), celebration, wedding

bomba *f.* bomb

borrar to cross out, to erase (I,3), to wipe out

Boscán, Juan (1492?-1542) Spanish poet born in Barcelona (Intro.)

bravo, -a fearless, fierce, wild

brazo *m.* arm(III,3); **dar los** —**s** to hug someone (I,2)

breve brief (II,8), concise, compact, sudden (II,9)

brevedad shortness, briefness, promptness (II,6)

brevemente quickly (II,16), shortly (I,2)

brillar to shine, to sparkle, to glisten

brío *m.* strength, force, courage (II,12)

bronce *m.* bronze (II,9), brass

brujulear to spy on (III,1), to watch close

ly, to discover by guessing

bueno, -a good, kind, fine, pleasant, wonderful; ¡ — **a fe** ! Good heavens! (I,5); – **va** that is good; ¡**que --**! Great!

burla *f.* jest, light-hearted matters (II,16); **hacer — de** to make fun of (III,6)

burlador -a *m.&f.* joker, jester, practical joker (Intro.)

buscar to look for (II,13), to seek (Intro.), to search

buscona *f.* prostitute (I,3), street-walker

C

caballero *m.* nobleman (I,2), gentleman (II,9), horseman

caballo *m.* horse, stallion; **a —** mounted, on horseback (II,4)

cabello *m.* hair of the head (II,9)

cabeza *f.* head (III,7), leader

cada every, each, any; **— cual** everyone, each one (I,2)

caer (1st person present indicative **caigo**) to fall (II,9), to fall back, to pounce

Calatrava Spanish military and religious order established in 1158. In order to be members, men were required to provide documentation on their titles of nobility. The members received a generous income and the opportunity to use their position to gain the help of powerful persons for their interests.

Calderón de la Barca, Pedro (1600-1681) Spanish playwright and giant of the theater of the Golden Age (Intro.)

calidad condition, rank, quality (II,8), nobility (II,9)

calor *m.* warmth, heat (III,14)

callar to remain silent (II,9), to be quiet, to keep quiet (I,6)

calle *f.* paved way, street (II,9), lane

cama *f.* couch, bed (II,16)

caminar to journey on, to march, to travel, to walk; **— por** to pass through, to cross

Camino a proper name

camino *m.* path, way (I,2), road, course; **de—** in traveling clothes; **dar —** to make easier, to guide

campaña *f.* field, field of battle (III,7), military campaign

cana *f.* white hair, gray hair, age (III,9); **en mis propias —s** to my face (III,9)

canjilón *m.* (*or* **cangilón**) frill, pleat, or flute of a collar (I,3)

cansar to weary, to tire, to fatigue; **—se** to become tired (III,1)

cantor *m.* singer (I,11), song bird

capa *f.* cape (Intro.), cloak, mantle

capilla *f.* small church, chapel (III,6)

Capricornio Capricorn, the tenth sign of the zodiac which begins about December 22 (I,3)

capricho *m.* whim, sudden change in the way a person thinks or acts, fancy (II,5)

caprichoso, -a tending to change abrupt ly without apparent reason, capricious, erratic

cara *f.* countenance, front, face, manner (III,9)

carácter *m.* character (Intro.), reputation, standing

cargo *m.* load, errand, obligation, job (II,9)

Carmen: la calle del — , a street in the downtown section of Old Madrid

carne *f.* flesh (I,3), meat

caro, -a expensive, costly

carrera *f.* race-track, race, career, profession

carta *f.* note, letter (II,14)

casa *f.* house (II,9), building, family living in one house

casada married woman

casado married man, married (II,9)

casamiento *m.* wedding, matrimony, marriage (II,6)

casar to marry, to give in marriage (I,9); **— se con** to marry (I,2), to get married

casi almost (III,4), nearly, just

caso *m.* occasion (I,4), case, event, story (II,16), opportunity, accident, matter; **hacer — de** to respect or to take notice (I,11); **— forzoso** obligatory, inevitable, unavoidable; **por ir al —** get to the point (II,9); **el — fue** the point was (II,13)

castellano *m.* the Castilian or Spanish language (III,8), Castilian

castigado -a punished, pained (Intro.), afflicted

castigo *m.* correction, punishment (III,9)

caterva *f.* crowd, throng, swarm

caudal *m.* abundance (I,3), property, fortune, means, wealth

causa *f.* motive, reason, cause

causar to produce, to cause

cauto, -a cautious (II,9), on guard; **— as pasantes** older women who introduced young, inexperienced women to men (I,3)

cazoleja *f.* cassolette, a French term for a porcelain box with holes in the top which could be used to diffuse perfumes in a room, or to burn incense (I,7)

cazuela *f.* place reserved for women to sit in Golden Age theaters (Intro.), earthenware stewpot

cebo *m.* food given to animals, bait, incentive (II,9)

cegar to grow blind, to blind (I,6), blind ed (II,9)

célebre noted, famous, renowned

celo *m.* devotion (I,2), envy, rivalry; **— s** jealousy, suspicion; **dar — s** to excite suspicions

celosía *f.* Venetian blind (I,9), lattice of a window

celoso, -a jealous (I,7), suspicious; **de —** of jealousy (III,5)

cena *f.* supper, evening meal

cenar to have supper

centella *f.* flash, lightening, spark (III,6)

centro *m.* center, midst or middle; **en su —** in his element, well satisfied, content; appropriate (I,10)

ceñir to clothe, to wear (II,9)

cerca near, close by (III,7)

cercano, -a near (II,2), neighboring, close at hand, adjoining

cercén: cortar a — to amputate a limb (III,8)

cerrar (e> ie) to close, to shut, to seal, to close in, to attack; **¡Cierra España!** the battlecry "Spain, attack!" (I,3)

certamen *m.* literary competition (Intro.)

Cervantes Saavedra, Miguel de (1547-1616) Spanish author of *El ingenioso hidaldo, don Quijote de la Mancha* born in Alcalá de Henares (Intro.)

César Caesar, the title of the emperor of Rome (I,3)

cetrino, -a lemon-colored (I,3), sallow

Charles V (Carlos I of Spain) (1516-1556) King of Spain and the Holy Roman Emperor (Intro.)

chirimía *f.* oboe (I,7), flageolet-an instrument similar to a recorder

chunga *f.* joke, jest (Intro.), fun

ciego, -a blind, motivated by great passion

cielo *m.* Heaven, sky, heavens (I,3); **viven los — ¡as** Heaven lives! (I,11)

cierto, -a certain (II,1), positive, sure ; **¿no es—?** isn't it so?

cinco *m.* the number five

circunstancia *f.* detail, circumstance (II,9), incident, event

claramente openly, clearly (II,16)

claridad clarity, light, brightness

claro, -a clear (I,9), obvious, plain (III,9)

claustro *m.* a place of religious seclusion, such as a convent or monastery

cobarde timid, fearful, cowardly (III,7)

cobrar to gain, to acquire, to receive what is due (I,2), to recover (II,9); — **mal crédito de** to doubt (III,6)

coche *m.* carriage, coach

cochero *m.* coachman (I,3)

codicioso, -a = cudicioso, -a desire for wealth, greedy (II,9)

cofre *m.* chest, trunk for clothes, box (II,9)

coger to catch (II,5), to grasp, to seize (II,14), to get caught (I,8); — **de espaldas** to get behind someone, to come upon from behind (III,5)

cohete *m.* sky rocket (I,7), rocket

colegir (1st person present indicative **colijo**) to collect, to gather (II,11)

cólera *f.* fury, anger (II,11), rage

colmar to complete (II,16), to make full

color *m.* color, hue, natural color (II,9) This word is used in both the masculine and the feminine.

comedia *f.* comedy, play (Intro.), farce, drama, theater

comenzar (e>ie) — **a,** — **de** to begin to, to start

comer to eat, to feed, to dine

cometa *m.* comet

cometer to undertake, to attempt, to commit

comisión *f.* commission, trust, office, mission

como as, provided that, how, in what manner, why **—quiera** however (III,6), although

compañía *f.* companionship (I,2), company

compendioso, -a brief, abridged, concise (III,6), comprehensive

competencia *f.* competition, competence, rivalry (III,4)

cómplice *m.* associate, accomplice (III,9)

componer to adorn (II,9), to construct, to put together, to compose

compostura *f.* style (II,7), bearing, composure, structure

comprar to buy, to purchase

con together, with, against; — **que** so that (II,14), if, provided, only (that) (III,7)

concertar (e>ie) to regulate, to adjust, to bargain for (I,9), to arrange the price of

concordar (o>ue) to conform, to agree

conde *m.* earl, count (II,4)

condición *f.* condition, quality, clause of a will, nature

condolido, -a touched (II,9), sympathetic (III,6), sorry for

confesar (e>ie) to admit, to declare, to confess (I,11)

confianza *f.* confidence, trust (II,16), reliance

confiar en to trust (I,7), to hope, to confide in; — **se de** to trust in

conformar to adjust, to conform (to) (II,9), to fit

conforme suitable (I,7), equal, agreeable (II,9), coincident (I,8); *adv. conj.* — **a** according to (II,11), consistent with, as

confusamente confusedly (I,7)

confusión *f.* confusion, disorder, tumult

confuso, -a troubled, confused (II,16), perplexed

conjetura *f.* guess, conjecture (III,7), surmise

conjunción *f.* combination (I,3), conjunction of stars, association, union

conmigo with me (I,1), with myself

conocer to meet (II,4), to know, to recognize (II,8), to be acquainted with

conquistar to overcome (II,9), to subdue, to conquer

conseguir (1st person present indicative **consigo**) to get (I,10), to attain (III,6), to obtain

conseja *f.* fable (II,13), story, fairy-tale

consejero *m.* adviser (I,1), counselor

consejo *m.* conclusion (I,10), advice (II,4), council, counsel, determination,; — **Real** Royal Council. Under Philip III, different types of cases were taken to the Royal Council, or court, for a hearing; — **Real de las Indias** a Royal Council specifically charged with administering Spain's interests in its colonies; **dar —s** to give advice (III,6)

consentimiento *m.* compliance, consent (I,9)

consentir (e>ie) to agree, to permit, to consent

conservar, to maintain, to guard, to preserve

considerar to reflect, to think over, to consider

consistir to be the effect of, to consist (II,9), to be due to

consolar (1st person present indicative **consuelo**) to console (Intro.), to comfort, to cheer, to soothe

consorte *m.&f.* wife (II,9); partner (II,9), mate, consort

constante firm, loyal (III,1), constant; *adv.* constantly, evidently

consuelo *m.* relief, comfort (II,6), consolation

consumir to consume; to destroy, to spend (I,7), to use up

contado, -a *adj. & adv.* rare, uncommon, moderately, thoughtful (II,4); **al—** with cash in hand; **palabras —as** few words

contagioso, -a infectious contagious (II,5)

contar (o>ue) to relate, to count (I,3), to record, to tell (I,8)

contentar to content, to please, to satisfy; **—se** to be content, to be satisfied (II,8)

contento, -a happy, glad, pleased, satisfied, contented, full of joy, good disposition (II,9)

contigo with you

contrapeso *m.* counterweight (II,6), something that weighs heavily

contrario, -a different, contrary, opposite (III,9); **por el —** on the contrary (II,9); *n.m.* enemy, rival (I,7)

contraste *m.* obstacle (III,14), contrast, opposition

convencer (1st person present indicative **convenzo**) to convince

convenir (e>ie, 1st person present indicative **convengo**) to suit (I,2), to be suitable (I,6), to agree, to coincide, to fit, to correspond to

convento *m.* convent, religious community

conversable sociable (I,3), approachable, friendly

convidado *m.&f.* guest (III,10), person invited to a party

convidar to treat, to offer, to invite (II,9)

convite *m.* festivity (I,7), invitation, treat,

party (I,8)

copia *f.* plenty, abundance

coral *m.* coral; see **fino como un —**

corazón *m.* will, mind, spirit, heart (III,6)

corcova *f.* hump (Intro.), hunch, protuberance

cordel *m.* thin rope, line, cord, torture, instrument of torture (III,3)

cordón *m.* rope, string, twine, cord (II,9)

cordura *f.* good sense (I,2), judgment, prudence (I,9), common sense

Corneille, Pierre French playwright, Pierre Corneille (1606-1684), based his play, *Le Menteur* (1643), on Alarcon's character don García (Intro.).

coro *m.* chorus, choir, orchestra

corral *m.* type of early theater structure (Intro.); **Corral del Príncipe** famous Spanish Golden Age theater in Madrid (Intro.)

corredor *m.* corridor, gallery

corregidor *m.* corregidor, magistrate, mayor

corregimiento *m.* office of corregidor, magistracy (I,2)

corregir (1ˢᵗ person present indicative **corrijo**) to correct (III,4); to train (II,9), to temper

correr to speed, to hasten, to run, to draw aside, to take off a mask or veil (III,6), **—a cuenta mía** to be under my command, at my expense (I,2); **—se** to be ashamed (III,9); **— fortuna** to share one's luck; see **filo**

correspondencia *f.* correspondence, fitness, symmetry; see **cuadro**

corriente *m.&f.* current of water (I,7), course, progression

corruptible corruptible, that which can be changed for the worse

cortar to divide, to separate, to cut (III,8)

corte *f.* capital or city where the king resides, court (I,1)

cortesana *f.* a lady of the court, courtesan

cortesano, -a of the court (I,3)

cortesía *f.* gracious politeness, courtesy, good manners

cortina *f.* veil (III,6), shade, covering, curtain

corto, -a short (III,4), narrow, small, little

cosa *f.* thing, substance, matter (II,3); **mucha —**, something uncommon; — **extraña** remarkable (III,1); **con tus —** with all your actions (I,11)

costa *f.* charge, cost, expense

costumbre *f.* habit, custom (Intro.), use, fashion, vice (III,9); **— s** manners, customs, habits (II,9)

costurón *m.* wrinkle (I,3), large scar

crecer (1ˢᵗ person present indicative **crezco**) to grow (I,3), to become larger, to increase

crédito *m.* belief, trust, reputation for truthfulness, credit, credence; **dar —** to believe (II,10); see **cobrar**

creer to believe in, to believe(I,2), to think, to consider probable

criado, -a *m.&f.* servant (I,1), valet

criar to create, to bring up, to train, to foster

criollo a man born in Spain who lived in Spanish America (Intro.)

cristal *m.* crystal (I,7), glass; **— que da el invierno** ice (I,7)

cristiano, -a *m.&f.* Christian

cruel cruel, hard-hearted

crueldad savageness, severity, cruelty (Intro.)

cruz *f.* cross; **— de Calatrava** the symbol of the religious and military order of Calatrava (III,8)

cuadra *f.* drawing-room (I,11)

cuadrado, -a square (I,7)

cuadro *m.* picture, scene, square; **en — a correspondencia** in the form of a square (I,7)

cual which, what, as, one, who; **por lo —** wherefore, for which reason; **cada —** each one

cuál which one, what one, which other (I,3)

cualquier, -a any (I,2), anyone (III,4), some, whatever

cuan, cuán how (I,2), as

cuando when, if, in case (III); **— no** otherwise; **¿cuándo?** when; **y — no** even if not (II,8)

cuanto as much as, as far as, as many as, all that; **en — a** as for (I,9), with regard to; **¿cuánto?** how much?; **¿cuántas?** how many? (II,9)

cuarto, -a fourth; *m.* room

cuatro *m.* the number four

cubierto, -a covered (I,8)

cubrir to cover up (III,6), to cover; **—se** to be covered, to put on one's hat (II,3)

cuchillada *f.* sword-thrust, slash (III,7), cut, wound

cuello *m.* neck, collar (I,3); see **apanalado**

cuenta *f.* count, account, narrative, statement; **por mi —** in my opinion (I,8); **dar — a** to realize, to give account (II,9); also see **correr**

cuento *m.* story (II,15), fable

cuerdo, -a sane (I,10), wise (III,14), discreet, all right (I,11)

cuerno *m.* horn (I,3)

cuerpo *m.* figure, body (II,9), build; **con sus nuevas en el —** with his news not told; **en—** without a coat (II,1)

cueva *f.* cave, grotto (Intro.)

cuidado *m.* carefulness, regard, care, love affair (II,11); **poner en —** to make uneasy to touch, to inspire love (II); **dar — a alguien** to kindle love, to cause concern (II,16)

cuidar to take care of, to look after, to pay attention to; **— de** to look after (I,2)

culpa *f.* blame (I,4), guilt (II,6), fault (III,9)

culpar to blame (II,9), to reprimand, to condemn

cumplido, -a full, thorough, completed, ample, adequate, plentiful; **andar — en dar** to give liberally

cumplimiento *m.* civility (III,13) compliment, courtesy

cumplir to complete (III,12), to realize a goal, to fulfill (I,2), to carry out (I,3), to perform (I,2)

Cupido Cupid, in Roman mythology the god of love and the son of Venus (II,9)

curar to attend, to cure, to heal (III,8), to treat

curiosidad *f.* diligence, curiosity (III,4), inquisitiveness, rarity

curioso, -a curious (III,4), eager, inquisitive, original, unusual

cursar to frequent (II,9), to do repeatedly, to follow

cuyo, -a whose (III,6), of whom, of which

D

dádiva *f.* present, gift (III,3), keepsake

dadivoso, -a unselfish, generous (I,5), giving (I,3)

dado, -a given, granted; **— que** granted that

dama *f.* lady (Intro.), noble woman

dañador *m.* one who harms, offender

(III,9)

dañar to hurt, to injure, to do harm, to damage

daño *m.* injury (I,2), harm (III,9), wrong (III,1), damage

dañoso, -a harmful (I,2), bad, injurious

dar to give, to grant (III,3), to hit, to cause, to announce, to fall, to consider (II,13); — **los brazos** to hug; — **con** to meet, to come upon, to find; — **priesa** to urge on, to hurry (I,10); — **por** to consider as, to decide to; — **en** to insist on (II,9), to persist in; — **fuego** to explode (II,9); — **voces** to shout (II,9), to call out; — **a entender** to make clear; — **la mano** to give a promise of marriage (I,11), to shake hands (III,13); — **se** to surrender, to give in; —**se a conocer** to make oneself known; —**se a entender** to make oneself understood; —**se por entendido** to show that one understands; **en** — **las diez** at 10:00 (II,1); — **nota** to attract attention (III,6)

de of, out of, from, by, with, at, for

deber to owe, to be obliged, to must (II,8), to have to

décima *f.* Spanish poetic form consisting of ten eight-syllable lines (Intro.)

decir to state (II,8), to say, to tell, to mean; — **bien** to be right, to suit (I,3), to speak truthfully

declarar to make known (II,9), to declare, to state

defecto *m.* failing (I,4), defect, fault, blemish

defeto = defecto

dejar to leave (I,2), to give up (I,3), to let go, to abandon, to cease (II,13), to omit, to refrain (II,1), to allow (Intro.); —**se de** to leave off, to stop

dél = de + él

delante before (Intro.), in front, ahead

deleite *m.* delight, pleasure, joy, gratification (II,9)

delgado, -a slim, thin (III,6), slender

delicado, -a delicate, dainty, subtle

delito *m.* offense, crime (III,6)

della = de + ella

dellas = de + ellas

dello = de + el (III,7)

demanda *f.* request, demand

demás remaining, other, the rest; *adv.* besides; **por** — in vain

demás de besides; — **que** besides that

demasiado, -a excessive, too much (III,10); *adv.* enough, too, excessively

dentro within (II,1), inside; **de** — within, inwardly

derribar to demolish, to tear down (II,9), to overthrow

desafiar to dare, to defy, to challenge (II,11)

desafío *m.* duel (II,3), challenge to a duel (II,10), contest (Intro.)

desagradar to offend, to displease (I,10)

desaparecer (1st person singular present indicative **desaparezco**) to vanish, to disappear, to remove out of sight, to hide

desasirse to get loose, to free oneself (II,9)

desatino *m.* lack of tact, madness (III,2), nonsense (III,1)

descansar to pause, to rest (I,2), to lie down

descolorido, -a pallid, pale (III,7)

descomponer (1st person present indicative **descompongo**) to mess up (I,3), to rumple (III,14), to upset, to disturb

descompuesto, -a disheveled, rumpled

desconcierto *m.* disagreement, confusion

(III,6)

descontentar to make unhappy (II,1), to displease, to dissatisfy

descontento, -a uneasy, displeased, discontented (II,15)

desde since, after, from (I,1), as soon as; — **que** since (II,8)

desdecir to be unworthy of, to contradict (II,16), to differ from, to disagree with

desdeñar to scorn (III,1), to exasperate, to disdain

desdicha *f.* bad luck, misfortune (II,9)

desdichado, -a unfortunate (Intro.), unhappy (II,9), unlucky

dese = **de** + **ese** of that, from that

desear to wish for, to long for (II,8), to desire

desengañar to be disillusioned (III,6), to undeceive, to convince

desengaño *m.* disappointment (I,2), disillusionment (I,2), warning

deseo *m.* desire (I,5), wish (III,6)

deseoso, -a desiring, longing, willing, greedy

desesperado, -a victim of despair, hopeless, despairing, desperate

desesperar to lose hope, to despair(III,1)

deshacer (1ˢᵗ person present tense indicative **deshago**) to dissolve (I,9), to undo (II,9), to destroy, to break off, to discover

deshonra *f.* disgrace, dishonor

desigual mismatched, unequalled, inadequate (I,2)

deslumbrado, -a dazed, dazzled (III,6)

deslumbrante glaring, dazzling (I,3)

desmayarse to be faint, to faint (II,9), to be dismayed

desmentir (e>ie) to deny, to contradict (II,9), to prove false, to do unworthy things

desnudar to draw a sword (II,11), to undress, to reveal

desnudo, -a naked, uncovered, bare, undressed (III,12)

desorden *m.&f.* excess (II,9), disorder, confusion, lawlessness; — **es** excesses

despacio leisurely, slowly, little by little

despechado, -a angered, desperate (II,9), enraged

despedida *f.* farewell, leave-taking (I,8), dismissal

despedir (e>i) to emit (I,3), to discharge, to give out, to shoot, to dismiss (I,10), to banish; —**se** to take leave, to say good-bye, to part (II,9)

despertar (e>ie) to wake from sleep (III,1)

desposar to marry (III,9), to perform the ceremony for

desposorio *m.* betrothal, marriage ceremony, wedding (II,9)

después afterwards, later, since (I,7)

desta = **de** + **esta** of this, from this (II,1)

deste = **de** + **este** of this, from this

destos = **de** + **estos** of these, from these

destinar to devote, to destine, to appoint, to intend (II,9)

desvariar to rant, to rave (I,7), to be mad

desvarío *m.* extravagant action or speech, raving (I,11), madness (II,10)

desvelarse to be vigilant (II,9), to be watchful

desvelo *m.* uneasiness, anxiety (II,11), worry

desvergonzado, -a immodest, shameless (II,16), overly generous (III,3)

detener (1ˢᵗ person present tense **detengo**) to wait (I,3) to detain, to delay (I,10), to keep back

detenerse to pause, to stop (II,12), to linger

determinar to decide (III,9), to determine, to limit; —**se** to come to a decision (I,9), to resolve

detrás (de) behind (II,9), after, back

día *m.* day, daylight, sunshine; **sale el**— sunrise

diablo *m.* devil, demon, fiend; ¡**válgate el — por hombre!** He's just like a devil!

diamante *m.* diamond (III,3)

dicción *f.* word (III,8), expression

dicha *f.* good luck (I,2), happiness (I,4), success III,13); **por** — by chance, fortunately (II,6)

dicho, -a said, aforesaid (II,13), proverb (I,3); *p.p. of* **decir** aforementioned, above-mentioned; **lo** — that which has been said

dichosamente luckily, happily (II,9)

dichoso, -a happy, lucky, blessed (III,2), delightful

Dido Dido, founder and queen of Carthage. In the *Aeneid*, she falls in love with Aeneas and kills herself when he leaves her (III,3)

diente *m.* tooth

diestro, -a clever (I,1), skilled (I,2), expert, experienced

diez *m.* the number ten (III,8)

diferencia *f.* dissimilarity, difference, unlikeness

diferente dissimilar, different, separate

diferir to delay, to postpone, to differ

difícil difficult, hard, awkward

difunto *m.* deceased (II,9), dead

digno, -a deserving, worthy (III,1), appropriate

dilación *f.* delay (I,10)

dilatar to delay (II,9), to defer, to stretch out, to put off (III,12),

diligencia *f.* careful effort, diligence, perserverance

diligente careful, diligent, prompt, ready

dime command form of **decir** tell me

dinero *m.* money (II,9), currency

Dios *m.* God; — **niño** Cupid (II,16); ¡**vive** —! good God!; **quiera** — God willing

dirigirse to address, to direct oneself; **dirigiéndose adentro** when a character speaks off-stage (III,10)

discorde clashing, discordant, differing, in disagreement (II,9)

discreto, -a wise (I,9), sharp, discreet (I,2); **como**— like an inteligent person

disculpa *f.* apology, excuse (II,9)

disensión *f.* disagreement, difference (II,9), quarreling

disgusto *m.* dissatisfaction, annoyance, grief (II,6); **a mi** —, against my will, in spite of

disimular to hide by pretense, to conceal under a false appearance, to disguise oneself (III,6)

disipar to misspend (I,2), to disperse, to scatter, to waste

disparar to shoot, to discharge (I,7), to fire

disponer to prepare, to get ready, to arrange (II,9), to order, to plan (I,11), to dispose

disposición *f.* fine bearing, arrangement, resolution, disposition, command; —**es fatales** predestined by fate, decrees of fate (II,9)

distancia *f.* distance, remoteness

distilar destilar to distill

divertido, -a amused; merry, absent-minded (I,7), inattentive

divertir to entertain, to amuse; —**se** to entertain oneself, to enjoy oneself (II,16)

divinamente heavenly, divinely, admirably

divino, -a excellent, most beautiful, divine

doblón *m.* doubloon, a Spanish gold coin which ranged in value from $5.00-$16.00 (II,16)

doce *m.* the number twelve; **las —** twelve o'clock (II,9)

dolor *m.* sorrow, grief, pain(II,2)

don *m.* Mr., the Spanish title for a gentleman, used before the Christian name (don Pedro)

don *m.* gift (III,3), present, talent

donaire *m.* witticism (I,2), grace, elegance, accomplishment (III,6)

donde in what place, where, wherever, since (III) **¿dónde?** where?

doña *f.* Miss, Mrs., the Spanish title given to a lady, used before the Christian name (doña Elena)

dorado, -a golden, gilded

dormir to sleep (II,13)

dos *m.* the number two

dote *m.&f.* the property a woman brings to a marriage, dowry, gift (II,9), talent

ducado *m.* ducat (II,1), a gold coin, a piece of money

duda *f.* suspense, hesitation, doubt; **sin —** without a doubt (II,1)

dudoso, -a uncertain, doubtful (II,13), dubious

dueño *m.* owner(Intro.), master (I,1), landlord, mistress (I,7)

dulce gentle, sweet (II,2), mild

durar to last (I,3), to continue

duro, -a hard (II,9), harsh, solid, tough

E

echar to utter (II,5), to throw out, to drive out; **— fuego** to be hot (II,4); **—se de**

ver to see, to perceive, to notice, to be evident (III,1)

eclipsar to outshine, to eclipse (II,9)

eclipse eclipse (II,16)

eclíptica *f.* ecliptic, the name which describes the apparent annual path of the sun through the universe (I,6)

edad *f.* era, age (II,9), time; **mucha —** many years; **—es largas** a long time

edificar to build (I,7), to construct

efecto, efeto *m.* purpose, end, effect; **en —** actually, in truth (I,2), in fact (I,7); **tener —** to happen, to take effect, to succeed; **sin—** unsuccessful, ineffective

Efesia Ephesus, an ancient Greek city in Western Asia Minor (I,8)

efeto see **efecto**

ejecución *f.* completion (II,8), fulfillment, execution

ejecutar to act out (I,2), to perform, to make, to do, to avenge

ejemplo *m.* instance, example, pattern

ejercicio *m.* way of living, calling, activity, practice, employment

el the

él he, it

elegir (1st person present indicative **elijo**) to elect, to choose (III,7)

ella she

ello it

embarrador *m.* fake (II,16), liar, mischief-maker

embeleco *m.* deceit, fraud (II,13), deception, lie

embuste *m.* deceit (III,9), trick

embustero *m.* impostor (II,8), liar, trickster

empalado, -a impaled (I,3); **andar —** to walk rigidly

empellón *m.* push (II,9), heavy blow

empeñar to pawn, to pledge (II,9), to compel, to oblige

empeño *m.* pawn, pledge, wish (Intro.)

empezar (e>ie) to begin (II,12)

empleado, -a spent (II,13), married (III,10), employed

emplear to use up, to use, to spend

empleo *m.* investment (I,5), use, employment, spending

emponzoñar to taint, to corrupt, to poison (III,13)

émulo *m.* competitor, rival (II,7)

en in, on, at; — ti on yourself (III,9)

enamorado, -a enamored of, in love (I,9); *n.* lover

encajar to adjust, to suit (I,3), to fit on or in, to insert, to be appropriate, to fit well

encarecer to praise (II,8), to enhance, to exaggerate (I,9), to emphasize (II,1)

encarecimiento *m.* earnestness, exaggeration (III,1), insistence, emphasizing

encargarse (de) to take charge of something (I,2), to take upon oneself

encerrar to shut up, to enclose, to confine

encomendado, -a subordinate of a knight commander; see hábito

encomienda *f.* income (III,8), rents belonging to a commandery

encontrar (o>ue) to meet, to encounter, to find (II,8)

encubierto, - a covered, hidden (I,8), concealed (II,11)

encubrir to hide, to cover (III,6), to conceal (III,7)

enderezar to right, to straighten, to erect; — se to straighten up (I,2), to prepare oneself for something

enemigo *m.* antagonist, enemy (II,9); *adj.* opposed, contrary to, hostile

enfadoso, -a annoying (I,6), troublesome (II,16)

enfrenar to curb, to restrain (III,9)

engañado, -a mistaken (II,9), deceived *n.* (the person) deceived (I,2), duped

engañar to mislead, to trick, to mistake, to deceive; — se to be under a delusion, to make a mistake (III,2)

engaño *m.* falsehood, hoax, deceit (Intro.)

engañoso, -a false, deceptive (I,8)

engendrar to be the father or sire of, to breed, to produce, to begat (III,9)

enhorabuena *f.* congratulations

enjuto, -a slender, thin; en lo — dried up (I,,3)

enmendar (e>ie) to correct (I,2), to change, to alter, to improve, to reform (I,2); — se to become better, to make better (I,3), to reform

enmienda *f.* correction (I,2), improvement, reform

enojar to irritate, to anger (II,9), to annoy, to displease

enorme huge (II,9), enormous

enredo *m.* tangle, deceit (II,9), falsehood (II,15), mischievous lie

ensalmo *m.* spell (III,8), enchantment, charm

ensayar to practice, to rehearse, to try (II,7)

enseñar to point out, to teach (I,2), to instruct, to show the way, to show (II,1)

entender (e>ie) to comprehend, to understand, to know; — se to understand each other, to agree, darse a — to make oneself understood, to fancy; — en to be engaged in, to be busy with (I,7), to be in charge of something, to be familiar with; — se con to be skilled in something, to get along with (I,8)

entendimiento *m.* intelligence, understanding (II,9), mind

enternecer (1ˢᵗ person present indicative **enternezco**) to soften, to make tender, to touch (III,9)

entero, -a complete, whole

entonces then (II,8); **por** — then, for the moment

entrada *f.* door, entrance (II,8), gate

entrambos both

entrar to go in, to enter, to engage in, to be included

entre among, amongst, between

entregar to give up, to deliver (I,2), to hand over (I,5), — **se** to surrender (I,8)

entretanto meanwhile

entretener (1ˢᵗ person present indicative **entretengo**) to amuse, to please, to divert, to entertain, to delay (III,13), to prolong (II,14)

entretenido, -a entertained (I,3), amusing, detained; employed

entrevar to find out, to discover

entristecerse (1ˢᵗ person present indicative **entristezco**) to make sad (II,9), to grow sad, to grieve

enviar to remit, to dispatch, to send (II,2)

envidia *f.* jealousy, envy

envidiar to desire, to envy

envidioso, -a jealous, envious

epigrama *m.&f.* epigram, a short poem or statement with a witty or satirical point (II,3)

Erídano Eridanus, a name for the Po River, a long river in Northern Italy flowing into the Adriatic Sea (II,9)

Erostratus the name of the shepherd who burned the ancient temple of Diana

at Ephesus (I,8)

errado, -a wrong (I,6), mistaken, erring, erroneous

errante roving, wandering; **estrella** — planet, wandering star

errar (1ˢᵗ person present indicative yerro) to miss the target (I,5), to miss, to err (II,12), to mistake (I,8); —**se** to be mistaken (III,4), to commit an error

error *m.* error, mistake, fault, defect

escalón *m.* step of a stair (I,2)

escampar to clear up, to stop raining; **ya escampa** *coll.* he is forever babbling (III,8)

escapar to liberate from danger, to escape; —**se** to flee, to run away, to escape

escena *f.* stage, scenery, sight, scene

esclavo *m.* enslaved, slave (I,1), docile, obedient

escoger (1ˢᵗ person present indicative **escojo**) to select, to choose (II,9), to pick out

esconder to hide (II,9), to conceal, to contain

Escorial, el Felipe II (1556-98), the successor of Charles I, built the magnificent Escorial, a palace, monastery and school north of Madrid, which was finished in 1577. (Intro.)

escribir to write (II,14); **no es para escrito** it should not be written (II,1)

escuchar to hear (I,7), to listen to

escudero *m.* page, squire

escudo *m.* type of coin (II,16), coat of arms, shield; — **s vencen** — **s** money overcomes family pride

escuela *f.* principle, school, style, doctrine; — **s** university

ese esos that, those

esfera *f.* globe, sphere (I,7)

esforzar (o>ue) to encourage, to aid, to strengthen (II,13)

esmeralda *f.* emerald

espacio *m.* distance, time, delay, space, slowness; **con ese —** so slowly (III,3); **de —** slowly (II,9); **bien de —** really slowly (II,15)

espada *f.* blade, sword (II,3)

espalda *f.* shoulder (III,8); **—s** back; **de —s** from behind; **a sus —s** behind him or her

espantarse to be frightened, to be surprised (I,9), to be astonished (III,3)

España Spain

español, -a Spanish; **a lo —** in the Spanish way

esparcir (1st person present indicative **esparzo**) to spread, to scatter (III,7)

espejo *m.* model, glory, reflection, mirror (I,2)

esperanza *f.* expectation (I,1), hope (III,1), prospect

esperar to wait for (II,7), to hope, to expect

espeso, -a dense, thick (I,7)

espesura *f.* thickness (I,7), density, thicket

espiar to watch, to lie in wait for, to spy (II,15)

espíritu *m.* essence (I,7), spirit (II,9), soul, mind, disposition

esposo, -a *m.&f.* husband (II,8), wife, spouse

estable faithful (I,3), stable, steady, firm

estado *m.* social position (I,8), rank, class, condition; **tal —** matrimony (II,6)

estar (1st person present indicative) to be, to stay, to remain (I, 2); **— en sí** to be oneself; **— por** to be inclined to do something (III,4)

este esta this; **estos estas** these

estimación *f.* esteem, regard; **poca —**

discourteous (III,2)

estimar to esteem (II,16), to appreciate, to value (I,5)

estío *m.* summer (I,1)

esto this, this thing, this affair, this matter (II,6)

estocada *f.* stab, sword thrust (III,7), lunge

estoque *m.* sword (II,9), rapier, sword-belt (II,9)

estorbar to prevent (II,9), to obstruct, to impede, to hinder (III,7)

estranjero see **extranjero**

estrecho, -a narrow, close quarters (III,7), strict (I,2); *n.m.* strait, channel, risk, danger

estrella *f.* star (Intro.)

estribo *m.* stirrup, carriage seat near the door (I,7), footboard of a coach

estudiante *m.&f.* student, scholar; **de —** dressed as a student

estudiar to study, to practice, to attend classes

evidente plain, obvious (II,2), evident

examen *m.* inspection, inquiry, search, investigation (Intro.)

exceder to surpass, to exceed (III,6)

excelente excellent, exquisite, first-rate

exceso *m.* surplus, excess; **hacer —** to get angry

excusa *f.* apology, excuse (II,14)

excusado, -a exempted, unnecessary, useless

excusarse to apologize, to excuse oneself, to reject something

exhalación *f.* shooting star (I,3), exhalation

experiencia *f.* experiment, experience(III,7), trial

extensamente extensively, widely, at length

extranjero, -a *m.&f.* foreigner (I,3), stranger

extrañar to miss, to wonder at (I,9)

extraño, -a singular (I,2), strange (II,12), odd

extremado, -a extravagant (II,5), extreme

extremo, -a last, extreme, immoderate, excessive; *n.m.* expert, prodigy (I,2), greatest care in doing something, something extreme (III,10)

F

fábula *f.* legend, gossip, rumor, tale, fable (II,16)

fácil easy (II,9), easily

fácilmente without difficulty, easily

Faetón Phaeton. In Greek and Roman mythology, the son of Helios the sun god, who attempted to drive his father's sun chariot and nearly set the universe on fire before Zeus struck him down (II,9)

falsedad *f.* untruth, lie, dishonesty (III,4), deceit, falsehood

falso, -a untrue, false (II,12), incorrect, false person (I,11), counterfeit

falta *f.* defect, fault, lack, deficiency, failing, shortcoming, want, loss; **hacer — to** be necessary, to be lacking; **hacer poca — to** make little difference (III,7)

faltar to be wanting, to be missing, to fail (I,5); **lo peor falta** the worst is yet to come; **— a** to break, to fail to observe

fama *f.* report (II,9), name, rumor (II,9), fame (II,9)

famoso, -a great (I,7), famous, noted, celebrated

fantasía *f.* imagination, fantasy (I,11), fancy

fastidio *m.* boredom, disgust, bother, weariness (II,16)

fatal fatal, fated, ominous

fatigar to weary, to disturb, to fatigue, to annoy, to trouble (I,7); **—se** (I,6), to grow weary

favor *m.* help, good turn, favor (III,4), protection

favorecer (1st person present indicative **favorezco**) to prefer, to favor (III,6), to protect, to flatter (III,4)

fe *f.* belief, trust in God, faith (II,5), love (I,10); **a — que** upon my word, in truth

fealdad *f.* deformity, ugliness (I,3)

Febo Phoebus. In Greek mythology, the equivalent of Apollo, the god of the sun (I,9)

felice = feliz

felicidad *f.* happiness (II,2), success, prosperity

Felipe II (1556-98) King of Spain (Intro.)

Felipe III (1598-1621) King of Spain (Intro.)

feliz happy (III,2), fortunate, lucky

fementido, -a false, lying, untrue, unfaithful; *n.m.* liar (II,11)

feo, -a unsightly homely, ugly (II,6)

feria *f.* present (I,5), fair, bazaar, holiday

feroz fierce (II,9), savage, cruel

festín *m.* entertainment, feast (I,7), banquet (II,13)

fiar to entrust, to confide in, to trust (I,2); **—se de** to rely on, to depend on, to trust

ficción *f.* lie, make-believe, fiction (I,8)

fiel honest, faithful (III,6), upright, loyal; **poco —** unfaithful

fiera *f.* wild beast, animal

fiesta *f.* feast, festivity, festival, entertainment; **hacer — to** hold a festival

figura *f.* shape, form, figure

figurarse to fancy, to imagine (III,6)

fijo, -a firm, secure, permanent, fixed (I,3)

filo *m.* cutting edge; **correr —s** to disengage swords rapidly during a duel or fencing by drawing the two cutting edges together for the length of the swords (III,7)

fin *m.* end (II,9), intention, purpose; **al — at last** (II,9), finally (II,8), in short; **en —** at last, finally, in short

fineza *f.* politeness, kindness, attention (II,9), favor

fingido, -a false, fake, fictitious (II,14)

fingir to make it up (I,8), to falsify (II,14), to pretend (II,9), to imagine (III,9); **— se** to fancy themselves (I,3), to pretend to be (II,8)

fino, -a well-bred, cultured, polite, fine; **tan —s como un coral** very elegant, excellent (II,1)

firmar to sign (III,6), to subscribe, to affirm

firme firm, steady, constant; **morir de —** to be unyielding until death (I,10)

firmeza *f.* stability, firmness, faithfulness, devotion (III,6)

flaco, -a lean, thin, frail; **parte —** on a sword, the thin part toward the point (III,7)

flaqueza *f.* faintness, feebleness, thinness, weakness (II,9)

flauta *f.* flute

flecha *f.* arrow (I,3), dart

flor *f.* blossom (Intro.), flower, bloom, trick, artifice such as in gambling (I,8); **en la — de la edad** in the flower of one's age

flotilla *f.* small fleet

folla *f.* variety, medley (I,7)

follaje *m.* leafiness, foliage; **—**

holandesco collar of Dutch linen (I,3)

forastero, -a *m. & f.* guest, visitor, stranger (I,8)

formación *f.* formation (III,7), forming, shape, figure

formar to shape, to fashion, to form, to make

fortuna *f.* fortune, chance, fate, good luck, evil fortune (I); storm; **correr —** on a ship, to go through a storm, to experience a storm (II)

forzado, -a forced, compelled (II,5)

forzar (1st person present indicative **fuerzo**) to do violence, to force, to compel

forzoso, -a indispensable, necessary (I,2), obligatory, inevitable (I,7), pressing (III,11)

franquear to grant, to place at someone's disposition (I,5), to allow

fray *m.* brother, friar (Intro.)

fresco, -a fresh, coolness, cold

frío, -a cold; *n.m.* cold, coldness

fruta *f.* fruit

fuego *m.* flames, fire (II,9); **—s** fireworks (I,11)

fuente *f.* large serving dish, platter, bowl (I,7)

fuera out, outside (II,9), without; **— de mí** beside myself (I,5)

fuero *m.* statute, law (II,9)

fuerte secure, brave, strong (II,6)

fuerza *f.* strength, force, power (II,9), violence, compulsion, urgency (II,1); **ser —** to be necessary

fundado, -a built, founded

fundar to base (III,1), to found, to build, to establish

furia *f.* rage (II,9), violence, fury

furioso, -a violent, frantic, furious, raging

furor *m.* anger (III,7), fury, passion

G

gala *f.* display (I,2), court day, holiday, parade, ostentation

galán *m.* handsome man, gallant (I,7), ladies' man, young man, lover; *adj.* gallant, genial, affable

gana *f.* apetite, hunger, desire, inclination

ganancia *f.* profit (II,9), prize, advantage, gain (II,9); see **grado**

ganar to earn, to win (Intro.), to profit, to gain, to attain (I,8)

García Guerra, Fray named Archbishop of Mexico in 1607; patron of Juan Ruíz de Alarcón (Intro.)

garganta *f.* neck, throat (I,3)

gastar to waste, to spend (II,16); to show, to wear, to use up; — **humor** to show good humor

gatillo *m.* trigger of a gun (II,9)

genealogía *f.* lineage, genealogy

género *m.* genus, class, kind, type (I,2)

gentilhombre *m.* gentleman (I,10)

giboso -a crook-backed, hump-backed (Intro.)

gloria *f.* honor, fame, delight, glory

glotón, -a *m.&f.* glutton

gobernar (e>ie) to rule, to lead, to govern

gobierno *m.* government, position as governor, affairs (I,2), guidance, control

goce see **gozar**

Goldoni, Carlo (1707-93) Italian dramatist

golpe *m.* hit (III,7), stroke, punch

gozar (de) to be pleased to, to have, to possess; to take advantage of, to enjoy (I,2)

gracias *f.* thanks

gracioso, -a pleasant, comical (Intro.), entertaining, amusing (II,13)

grado *m.* degree, liking, will, pleasure; **hacer una ganancia por los—s del perfil** a term in fencing which means surprising the opponent by quickly attacking from the side (III,7)

gran see **grande**

Granada seat of Moorish empire in southern Spain (711-1492) (Intro.)

grande large, big, grand, great

grande *m.* grandee, a Spanish nobleman of the highest rank (II,9)

grandeza *f.* dignity, greatness (I,8), bigness, size, grandeur, can also refer to a grandee

grave grave, serious (III,13), critical

griego, -a Greek (I,7), Grecian *n.m.* the Greek language

Grimmelshausen, H.J.C. von (1625-1676) German author (Intro.)

grosero, -a rough, coarse, rude, discourteous, vulgar (III,3)

guardar to watch, to keep safe (I,2), to take care of, to protect, to save (I,1); **guárdeos Dios** God bless you (I,3); — **Nuestro Señor** God bless you! (II,1)

guardoso, -a thrifty, stingy (I,5), mean

guerra *f.* war (II,9), warfare

guía *m.&f.* director, leader, guide (I,1)

guiar to direct, to guide, to lead

guija *f.* pebble, cobblestone (II,7)

guitarra *f.* guitar

gusto *m.* pleasure (II,4), taste, sense, flavor; **a —** pleasantly, nicely, comfortably; **dar —** to please; — **os** pleasures, vices

gustoso, -a pleasing, cheerful, agreeable, pleasant (I,2) *adv.* gladly, acceptably, with pleasure (III,4)

H

haber (1st person present indicative **he**) to have (II,9), to own; — **de** to have to (II,5), to must (III,4), to be to; **hay** (**había**, *etc.*) there is, there are, (there was, there were, etc.); **hay que**+ *infinitive* one must; **¿qué hay de** — ? what news is there of — ?; **malhaya** curse, damn!; **tres años ha** three years ago (III,6)

hábito *m.* dress, habit, garment, also the robes of one of the religious or military orders, membership in an order (I,10); —**encomendado** office of commander in a military order (III,13)

habla *f.* language, conversation, speech

hablar to talk, to say, to speak; **bien hablado** able to speak convincingly

hacer to create, to do, to make, to give (II,11), to act; — **se** to make oneself, to develop, to become; — **dos partes** to break in two pieces

hacia toward (II,9), in a direction

hacienda *f.* estate, landed property, plantation (Intro.), fortune, affairs

hado *m.* destiny, fate (II,9)

hallar to find (I,7), to come across (I,11); —**se** to happen to be in a place; — **puerto** to be realized (III,1)

harpa *f.* harp

hasta till, until, up to, down to; — **que** until (II,8)

hay a form of **haber** there is, there are (II,9); — **que** it is necessary; **hubo bien que** there was a lot

hazaña *f.* achievement, deed (II,9), heroic feat

hebraico, -a Hebrew (III,8)

hebreo, —rea Hebraic (III,9); *n.m.&f.* Hebrew; *n.m.* Hebrew language

hecho, - a perfect, made, done (II,8), finished *m.* made, done, deed (II,9), act action, feat; **bien** — fully, well done, all right (II,1)

he see **haber**; — **aquí** behold, there is

heredar to inherit (III,3), to leave property to another

heredero, -era *m.&f.* heir (II,9), heiress (III,9), oldest son, descendent (I,2)

herencia *f.* heritage, inheritance (II,13)

herir (e>ie) to wound (I,2), to stab, to hurt, to strike

hermano, -a *m & f.* brother (II,9), sister

hermoso, -a handsome, beautiful (II,1), graceful

hermosura *f.* handsomeness, beauty (III,4), loveliness

heróico -a heroic (Intro.)

herradura *f.* horse-shoe (II,7)

hidalgo a Spanish nobleman of secondary rank, below a grandee (Intro.)

hielo *m.* frost, cold, ice, chill (II,9)

hijo, -a *m.&f.* son (II,5), daughter (II,9), child; — **segundo** second son, not the heir of the family (I,2)

historia *f.* history, story

hola hello (II,10)

holanda *f.* Dutch-linen (I,3), cambric- a very fine, thin linen first made in Holland

holandesco, -a of Holland, Dutch; — **follaje** linen collar

holgarse (o>ue) to rejoice, to amuse oneself, to be glad, to be happy (I,2), to be pleased (I,3)

hombre *m.* man, mankind; — **de bien** (an) honest man

homicida *m.* homicide *m.&f.* murderer (II,9)

honestidad *f.* honor, decency, modesty, moderation

honesto, -a honest, decent, pure, just

honor *m.* honor (Intro.), reputation, fame; **está bien a mi—** lives up to my reputation

honra *f.* honor, virtue (I,2), respect, reverence

honrado, -a honorable, just, honest, fair, honored (I,2)

honrar to bring honor to (II,9), to honor, to respect

hora *f.* hour, time; **a la — de ésta** now; **en — buena** it is well, welcome **vaya muy en — buena** congratulations (I,8)

horizonte *m.* horizon (II,9)

hortelano *m.* horticulturalist, gardener; also see **perro**

hoy today (II,8), now (I,1), the present time

huir (1st person present indicative **huyo**), to escape (II,10), to flee

humanar to bring down to earth (I,3), to humanize, to soften

humano, -a humane, kind, human; *n.m.* man, human being

humilde humble (II,9), modest (I,1), meek

humor *m.* humor, disposition, nature

hurtar to steal, to rob (II,9), to make away with

I

idea *f.* idea, notion, plan

iglesia *f.* church (III,6), temple

ignorancia *f.* ignorance

ignorante ignorant, unaware, not knowing

ignorar to ignore (I,5), to be ignorant of (II,8), to not know

igual similar, equal (III,4), alike, such

igualar to equal (I,5), to be equal, to compare, to match

ilustre famous, well born (I,2), illustrious

imaginar to fancy, to imagine, to invent, to intend

impaciente anxious, rash, impatient

impedimento *m.* impediment, obstacle (I,10), hindrance

impedir to impede, to obstruct, to hinder, to prevent

imponer to instruct (I,2), to impose, to break in a horse

importancia *f.* essential point, importance, significance

importante significant, important, urgent

importar to be important (I,1), to be convenient, to concern, to matter (I,4), to be right (I,10)

importuno, -a demanding, persistent, untimely (I,6), troublesome

imposible impossible (II,9), impractical, extremely difficult

impreso, -a printed, implanted (II,2), stamped

imprudente inconsiderate, thoughtless (II,5), imprudent

impuesto *m.* tax, duty; *adj.* imposed, informed

inclinación *f.* desire, tendency, preference, inclination (III,9)

inclinado, -a inclined, bent down, disposed, minded

inconstancia *f.* unsteadiness, frailty , inconstancy (III,14)

inconveniente *m.* obstacle, (I,2) difficulty, stumbling block (III,7), obstruction

incurrir to fall into (III,6), to deserve, to incur

indiano,-a Indian-anything belonging to Latin America; *n.m.* nabob- a Spaniard who returned from the New

World wealthy

Indias *f.* the Indies, Latin America (I,3)

indicio *m.* sign (III,7), indication (I,2), mark

industria *f.* scheme, subtlety, plan (Intro.), trick

infamar to cause dishonor (II,9), to discredit, to defame (III,9)

infame notorious, infamous

infamia *f.* very bad reputation, disgrace (II,9), shame (III,9)

influencia *f.* prestige, consequence, influence

influir (1st person present indicative **influyo**) to inspire (I,3), to modify, to influence

información *f.* account, information, investigation, proof

informar to advise, to instruct, to inform (II,11), to report

ingenio *m.* cleverness, wit (II,5), genius (II,9), talent

ingenioso, -a inventive, ingenious (Intro.), talented, clever (I,2)

ingrato, -a thankless, unpleasing, insensible (III,6), ungrateful (III,3)

inhumano, -a savage, cruel, inhuman

injustamente wrongfully, unjustly

inmenso, -a infinite, immense, unlimited, vast

inmóvil fixed, set, constant, motionless

inquieto, -a anxious, troublesome, restless (I,2), uneasy (I,7)

inquietud *f.* anxiety, restlessness, uneasiness

instante *m.* moment (III,7), second, instant

instrumento *m.* implement, instrument

intención *f.* purpose, meaning, implication, intention

intentar to try (II,12), to attempt, to intend (I,2), to court in the romantic sense (II,8)

intento *m.* intention (III,7), purpose, design (I), intent

intercesión *f.* mediation, intercession

invención *f.* scheme, invention, plan, fiction (II,14), lie (I,11)

inventor *m.&f.* inventor, story-teller, liar

invidia *f.* jealousy (I,8), envy; also **envidia**

invidiar to be jealous, to envy; also **envidiar**

invidioso, -a jealous, envious; also **envidioso, -a**

invierno *m.* winter, rainy season

ir (1st person present indicative **voy**) to go away, to go on, to move, to ride, to concern, to interest; —**se** to go, to go away, to depart to leave (II,8)

ira *f.* passion, wrath, anger (II,9)

Italia Italy

italiano, -a Italian; **a lo** — in the Italian way

J

jactarse to brag, to display, to boast (II,5)

jamás never (I,2), at no time

Japón Japan

jardín *m.* garden (III,10)

Jesús Jesus (III,2)

jornada *f.* journey (III,2), day, a day's journey (Intro.), trip, act of a **comedia**

joya *f.* gem, piece of jewelry, jewel (II,16)

juego *m.* play, game (II,9), gambling (I,2)

juez *m.* justice, judge (III,9)

jugar (o>ue) to play, to take an active part in something; — **contado** to gamble (II,4)

junco *m.* any of the genus of plants of the rush family which usually grow in wet marsy places (I,7)

junto -a joined; — **s** put together, together (II,4)

junto near, close to, at hand, by, next to, near; — **a** (**de**) beside, close to, with

juramento *m.* act of swearing, oath (I,2)

jurar to swear (I,2), to make an oath, to promise (II,5)

juridición, jurisdicción *f.* power, jurisdiction, authority

justamente exactly, justly (II,8), precisely

justo, -a fair, just (III,1), right (II,4)

juvenil childish (I,8), juvenile, young

juzgar to conclude, to think, to judge (I,6), to consider, to pass sentence upon

L

labio *m.* lip, mouth

labrar to work, to build, to make, to form, to cause, to cut (II,16)

lado *m.* direction, position, side (II,8)

ladrón *m.* thief, robber, wretch

lamparón *m.* scrofula-tuberculosis of the lymphatic glands, especially of the neck

lance *m.* incident, chance, opportunity, occurrence; situation (II,9); **a pocos —s** in a short time (I,7); **largo, -a** long (II,9), extended, prolonged

lascivo, -a expressing desire, lustful (II,9), lewd

lavar to bathe, to wash, to wash away (III,14), to scour, to cleanse

lealtad *f.* fidelity, attachment, loyalty (II,9)

leche *f.* milk (II,5)

lecho *m.* couch, litter, bed (II,9)

leer to read; *pres. part.* **leyendo** reading (III,2)

lengua *f.* language (II,5), speech, tongue

león *m.* lion (II,9)

letra *f.* handwriting, letter; — **s** learning, humanities(I,2)

letrado *m.* learned person, licentiate, lawyer, tutor (I,1)

levantado, -a raised, elevated (I,2)

levantar to lift, to help up, to raise, to lift up; —**se** to arise, to get up, to stand up

ley *f.* statute, law (III,6), ordinance

liberal generous (I,5), free, open

libertad *f.* freedom (I,11), independence, liberty

libre unrestrained, free (II,11), permitted

licencia *f.* permission (I,5), privilege (I,9), license, leave

licenciado, -a *m.&f.* licentiate, having a master's degree (Intro.)

límite *m.* boundary (III,6), border, limit

limpiar to clean up, to scour, to cleanse, to purify

limpio, -a neat, clean, pure

lindo, -a pretty, beautiful (II,9), lovely, nice

línea *f.* lineage, line

lisonja *f.* praise, flattery (I,2)

lisonjero *m.* flatterer; *adv.* flatteringly, deceitfully, with flattery (III,1)

liviandad *f.* triviality, fickleness (I,11), baseness, lightness, lack of honor (II,6)

liviano, -a frivolous (I,9), unsteady, ill-considered, indiscreet, fickle (I,3), wicked (III,9)

llama *f.* flame (III,9), blaze, passion

llamar to summon, to call, to knock; —**se** to be called, to be named

llano, -a flat, frank, open, evident (II,8), plain; **bien llanas** very plainly (III,7)

llegar to arrive, to come, to reach, to get together, to draw near; — **a** + infinitive to come to (I,3), to happen to;

—**se** to bring near, to join, to come, to approach (I,3)

lleno, -a full (III,8); — **de** full of, covered with

llevar to take (I,2), to carry (III,6), to transport, to wear; to endure, to take away (III,9), to remove, to carry off, to lead or hold a horse (II,10), to have in mind (I,8); —**se** to be, to take away (I,2)

llorar to cry (III,1), to cry about

loco, -a mad, crazy (III,1)

locura *f.* insanity, madness (I,2), crazy thing

lograr to achieve (III,14), to accomplish, to obtain, to enjoy, to take advantage of, to manage, to accept (I,5)

luciente bright, brillant (I,3), shining, luminous

luego then, soon, at once, immediately (I,2), presently, so that

lugar *m.* village, place(I,1), site, town (II,9), cause, motive, time; **dar — a** to make way for, to give an opportunity for; **haber —** to take place (II,16); **tener —** to have time enough (I,11)

luna *f.* moon

luz *f.* (**luces**) clearness, light, clarity, truth (III,9)

M

madre *f.* mother

Madrid capital of Spain

maestro, -a *m.&f.* master, tutor (I,2), teacher, expert

Magdalena a convent in old Madrid

magnánimo, -a heroic, generous, honorable

magnitud *f.* size, greatness, importance, magnitude

magno, -a great, used as part of a name, such as Alejandro Magno

mal (before a masculine noun) bad, wrong, ill; *n.* wrong, misfortune, hurt, illness, evil; —**es** ills, emotions, suffering (III,1)

maldiciente *m.&f.* slanderer, complainer, gossip; *adj.* speaks ill of everything, sarcastic, curse (I,2)

malhaya damn (II,9)

malo, -a wicked, bad, not good, evil

mancebo, -a *m.&f.* clerk, youth, young man (I,9)

mancha *f.* spot, blot, stain (III,9)

mandar to head, to order (II,6), to command (I,2), to demand (II,12)

manera *f.* manner, way, sort, form, figure; **de — que** in such a way that, so that

manganilla trick (Intro.)

manjar *m.* food, dish; *pl.* dishes of food, table, foods (II,9)

mano *f.* hand (II,9)

mantel *m.* tablecloth (I,7), covering

manto *m.* mantilla (III,4), cloak, robe, veil

Manzanares Madrid is located on the Manzanares River

maña *f.* cleverness, trick, (bad) habit (III,8)

mañana *f.* morning, tomorrow (III,5); *m.* the near future

mar *m.&f.* sea, large lake; **el — está por el cielo** the sea is very high, bad weather is coming (III,9)

Marcial Marcus Valerius Martialis (40? —104? A.D.) Roman poet and epigrammatist, born in Spain (III,2)

marfil *m.* ivory (I,3)

marido *m.* betrothed (I,9), married man (Intro.), husband (I,3)

martes *m.* Tuesday (II,16)

mas but (I,1)

más more, even more, more so, most, besides; **no — de (que)** no more, only; **por— que** no matter how much, although

matador -a *m.&f.* murderer (II,13), killer, slayer

matador, -a deadly, killing, murderous

matar to kill (III,6), to astound, to diminish

materia *f.* matter, subject matter, cause (III,6)

matrimonio *m.* marriage, matrimony

mayor greater, greatest, bigger, biggest, larger, largest, older (I,2), oldest

mayorazgo succession of first-born son of a family, heir, family estate falling to first-born son, heritage, inheritance (I,2)

medio, -a half, part; **a — a noche** at midnight (I,11)

medio *m.* center, means (I,4), middle, way, measure, distance (III,7) ; **dar algún —** to come to a decision, to compromise; **— día** noon, midday (II,1)

mejilla *f.* cheek (II,9)

mejor better (II,9), best; **— que** better than (III,8)

mejorarse to get better, to improve (Intro.)

memoria *f.* mind, memory (II,8), recollection, reminiscence; **tener —** to remember well; **de —** by heart

menester necessary (I,2); **ser —** to be necessary; **haber—** to want badly, to lack, to need (I,8)

mengua *f.* dishonor, disgrace (III,6), decrease, loss

menor smaller, lesser, younger

menos minus, less (III,8), except; **a lo —**, **por lo —** at least (III,1); **al —** at least (III,1)

menosprecio *m.* contempt (II,9), disrespect

mensagero, -a mensajero, -a *m.&f.* messenger (III,6)

mentir (e>ie) to tell a lie, to lie (I,2), to be false, to be deceptive; *n.* lie, lying

mentira *f.* lie, untruth untruthfulness, invention

mentiroso, -a lying (II,13), deceitful, untruthful

merced *f.* honor (I,9), grace, favor, reward; **su —**, **vuestra —** your grace (II,1), your worship, sir

merecer (1ˢᵗ person present indicative **merezco**) to be worthy, to deserve (I,10), to merit (I,3)

mérito *m.* worth, value, merit (II,9)

mes *m.* month

mesa *f.* table

mesmo, mismo same, very, my own (II,9); **eso —** that same thing (III,2)

meter to place, to put (III,9), to introduce

Midas Midas, a king of Phrygia granted the power of turning everything he touched into gold (II,8); **ser—** to be rich, to be wealthy

miedo *m.* dread, apprehension , fear (II,5); **tener —** to be afraid

mientras while, as long as; **— que** while, whereas

mil *m.* the number one thousand (II,4)

milagro *m.* wonder, miracle (II,16)

mimbre *m.* willow tree (I,7)

minado, -a famous for its mines

mío, -a my, mine

mirar to observe, to look at (I,3), to gaze to glance to look over; **— en** to ponder, to consider (II,5)

mismo, -a self, same, very, own; **con su — espada** with his own sword; **mi —**

myself (I,8); **lo** — the same (III,1)

misterio *m.* secrecy, mystery

mitigar to make or become milder, less severe, to relieve (I,1)

mocedad *f.* youth (I,2)

modo *m.* measure (II,5), manner, way (I,2), fashion, moderation; **de** — **que** such that (III,4); **a** — **de** by way of

mollera *f.* head, top of the head, crown, judgement; **cerrar la** — act sensibly (I,8), to close your soft spot or act in a more grown-up fashion

momento *m.* minute, moment, importance; **al** — at once, immediately(II,8); **de poco** — of little importance (II,16)

Monroyes *m.* family name

morir (o>ue) to die (I,2); —**se** to die (I,10)

mortal *m.* mortal, fatal; *adj.* mortal, deadly

mosquetero *m.* person in the standing room section of a Golden Age theater, groundling (Intro.), musketeer

mostrar (o>ue) to point out, to show (II,8), to prove (II,8); to hand (III,2)

mover (o>ue) to shift, to cause, to inspire, to move; — **se** to move (I,2), to walk forward

móvil *m.* mover, motive; **primer** — prime mover, inspiration

movimiento *m.* motion, movement (II,7), gesture

moza *f.* girl (III,6), young woman

mozo, -a young, youthful, unmarried

mozo *m.* youth, young man (I,2), lad

mucho, -a a great deal, much, very, large, many, plentiful

mudanza *f.* alteration, change (III,1), inconstancy (I,11); —**s** moves, paces, gaits (II,7)

mudar to alter, to change (III,14); — **se** to change (I,2), to move into another house; **mudado de color** to change color, to become pale (II,3)

muerte *f.* death, murder, destruction; **dar** — to kill, to put an end to

muerto, -a lifeless, killed, dead (II,9)

muestra *f.* example, indication(III,7), sign, proof

mujer *f.* woman (I,10), wife

multitud *f.* multitude, crowd

mundo *m.* world (Intro.), people, society, great quantity

murmurar to murmur, to whisper about (I,8), to speak ill of, to censure, to gossip

muro *m.* wall (II,9)

música *f.* music, harmony, melody

muy very, greatly, most

N

nacer (1st person present indicative **nazco**) to be born (II,9), to come into the world

nacimiento *m.* birth (II,9), origen

nada *f.* nothing (II,3), anything, nothingness, very little; — **más** only, that is all

nadie nobody (III,3), anybody, anyone, none

Narciso Narcissus, in mythology, a handsome youth, who, after the death of the nymph Echo, is made to pine away after his own reflection in a spring (II,8); **ser** — to be good-looking

nariz *f.* nose, nostril, sense of smell; —**ces** nose, nostrils (I,3)

natural native, natural (II,9); *n.m.* native, nature (I,2), disposition, character

naturaleza *f.* nature (II,9)

nave *f.* vessel, ship (I,2)

Nebia see **Nevia**

necedad *f.* foolishness, silliness, nonsense (III,1)

necesidad *f.* need, necessity, emergency; **ser — de** to be necessary

necio, -a silly(III,10), foolish (II,9), stubborn

negar (e>ie) to refuse, to reject, to deny (I,11), to hide (II,9), to refute

negociar to trade, to buy and sell goods, to negotiate, to deal with (III,3)

negocio *m.* matter (II,4), affair (II,16), business, deal

Nevia Naevia, a proper name used in one the epigrams of Marcus Valerius Martialis (Book II, Epigram IX) (III,3)

ni neither, nor, not even, even

nieto, -a *m.&f.* grandchild (II,9), grandson (III,2), descendant

nieve *f.* snow, snowy weather

ninguno, -a (shortened to **ningún** before a masculine singular noun) no, none, not one, not any

niña *f.* girl

niñería *f.* child's play, trifle (I,7), plaything

niño *m.* child, boy

noble honorable (II,9), eminent, respectable; *m.* noble (II,9), eminent, highborn

nobleza *f.* stateliness, nobility (II,9), gentility, dignity

noche *f.* night; **de—** by night (II,9), at night, evening; **esta —** tonight (II,8)

nombrar to call (III,2), to name, to nominate, to mention (I,8)

nombre *m.* name (III,2), reputation; **propio —** first name (III,2)

norte *m.* north, northern

nota *f.* censure, notice, statement, note; **dar —** to act up (III,6)

notar to observe, to notice, to criticize

noticia *f.* notice, news, knowledge, information (II,13)

notorio, -a famous, plain (I,9), obvious (III,4), evident (II,16), clear (II,10)

novela cortesana a novel which presents life at court (Intro.)

novio, -a *m.&f.* lover, bride, fiancée, sweetheart

nuera *f.* daughter-in-law (II,9)

nuestro, -a our (II,4), ours

nueva *f.* news (I,2), tidings

nuevo, -a novel, fresh, new (I,1); **de —** anew, again

número *m.* figure, number, character

nunca never (III,3), at no time, ever

O

o or, either (changes to u before words that begin with the letter o) (I,2)

obedecer (1st person present indicative **obedezco**) to obey (II,9)

obispo *m.* bishop (II,9)

obligación *f.* obligation (I,2), contract, honor, duty; **hombre de —** man with the responsibilities of the nobility (I,2)

obligado, -a grateful, bound, obliged

obligar to compel (II,9), to oblige (III,6), to force (III,4), to win (II,8)

obra *f.* writings, deed, construction, work

obrar to act (II,9), to work, to construct, to perform

obscurecer (1st person present indicative **obscurezco**) to dim (III,4), to darken, to confuse

obscuro, -a gloomy, dark

observante observing, respectful, obedient (II,9), observant

ocasión *f.* opportunity, chance, occasion, cause, chance, risk

ocioso, -a at leisure, idle (I,3), inactive

Octava *f.* an eight-day religious observance, especially the last day (III,1)

ocultar to conceal, to hide, to disguise

oculto, -a concealed (III,12), hidden (III,12), secret

ocupar to employ, to take possession of (II,9), to busy, to occupy, to preoccupy

ofender to make angry, to offend (I,10), to harm, to insult, to injure; —**se** to take offense, to be displeased

ofensa *f.* insult, offense (I,11), injury, wrong

oferta *f.* offering, gift, promise, offer (III,3)

oficio *m.* function, position, trade, duty (III,6), profession

ofrecer (1st person **ofrezco**) to present, to hold out, to offer (II,8)

ofrecimiento *m.* offer of services, offer, offering, promise

oído *m.* ear, sense of hearing; **dar** — to listen to

oír (1st person **oigo**) to overhear, to hear, to listen, to comprehend, to understand (Intro.); to attend (I,3)

ojalá oh that, God grant (II,16), let's hope so

ojo *m.* eye, sight

olfato *m.* scent, sense of smell, odor

olmo *m.* elm-tree (I,7)

oloroso, -a fragrant (I,7), perfumed

olvidado, -a forgotten, forgetful, neglected, forlorn

olvidar to neglect, to forget (I,7), to omit; —**se de** to forget, to leave behind

opacidad *f.* cloudiness, darkness (I,7)

opaco, -a gloomy (I,7), dark, opaque

opinión *f.* judgement, character, opinion, reputation

oponer (1st person present indicative **opongo**) to contradict, to object, to

oppose

oprimir to press, to oppress (III,9), to overpower, to force, to subdue

opuesto,-a opposite, contrary (II,2), opposed (II,9)

opulento, -a wealthy, affluent, bountiful

oración *f.* prayer; —**es** the Angelus-a prayer said at morning, noon and evening in memory of the Incarnation, a bell rung at the time of the prayer (II,9)

orbe *m.* earth, world, sphere; a rounded projectile for a pistol (II,9)

orden *m.&f.* decorum (II,1), order, rule, method, group

ordenar to plan, to arrange (III,6), to put in order

oreja *f.* ear; **palmo de** -- fist of an ear (I,3)

orgulloso, -a haughty, arrogant, proud

oro *m.* gold (III,3)

osar to venture, to dare (I,3)

oscurecer (1st person present indicative **oscurezco**) to darken, to grow dark

oscuro,-a dark (II,13), obscure

ostentar to display (I,7), to exhibit

Otava see **Octava**

otorgar to give (I,9), to consent, to agree to, to grant

otro, -a other, another, changed, next; —**s tantos** as many more, others

overo, -a dappled, reddish-brown with many white hairs; *n.m.* a roan horse (II,7)

Ovidio short name for Ovid whose complete name was Publius Ovidius Naso (43 B.C.-?17 A.D.), a Roman poet (II,16)

P

paciencia *f.* patience (II,6), endurance

padre *m.* father; — **es** parents

pagar to pay, to repay, to make amends, to return (III,7)

paja *f.* toothpick (I,7), straw

paje *m.* boy attendant, page (II,3), servant

palabra *f.* word (III,8), promise, offer

palacio *m.* royal residence, palace

palmo *m.* span, palm, hand breadth (III,7), a standard measure of length (8 inches)

pando -a bulgy (Intro.), slow-moving

pantano *m.* swamp (I,8), stagnant pool

papel *m.* note (II,16), letter (II,3), writing, paper, role

para for, to, towards, in order to

parar to end, to stop (III,3), to finish, to get to, to become; — se to stop, to become; — en servir to become a servant

parecer *m.* look (I,3), opinion (III,2), advice, solution, judgment (III,3)

parecer (1st person present indicative **parezco**) to appear, to look (I,10), to seem (I,9), to resemble (III,9); ¿ **qué le parece de esto?** what do you think of this?; **bien — que** it is evident that

pared *f.* wall (Intro.)

parentesco *m.* kindred, relationship, kinship (I,9)

paréntesis *m.* parenthesis (Intro.)

parir to give birth to (I,3)

parlar to babble, to chatter

parte *f.* portion, place, part, side; — s qualities, ability, circumstances (II,8); **informadme de las — s desta dama** tell me about this lady's qualities (II,1); **en todas — s** everywhere; **de — de** on behalf of; **de tu —** on your side (III,3) ; **por mi —** on my account

partido *m.* side, advantage, odds in a game, agreement, party; **darse a —** to

give way, to yield (II,9)

partir to divide, to leave (I,2), to start out, to depart (I,10)

pasado, -a last, past, former, gone through, old

pasante *m.&f.* student, teacher, assistant, expert (I) see **cauto**

pasar to take place, to pass (II,9), to move, to pass through, to exist, to spend, to happen

pasatiempo *m.* amusement (II,9), pastime

pasear to walk through, to exercise, to walk (III,1); — se to walk, to take a walk

paseo *m.* public avenue, drive

pasión *f.* emotion, passion, anger, affection

paso *m.* pass, step, walking, footstep; **a cada —** at every step, frequently; **a ese —** at that rate; *adv.* softly, gently, quietly (I,11)

patente obvious (I,9), clear, evident (II,13)

paterno, -a fatherly, paternal

paz *f.* peace (II,9), tranquillity

pecho *m.* chest, breast, heart (I,8), courage; **el — a la ocasión** the reason (III,13)

pedazo *m.* part, bit, piece (III,4)

pedir (e>i) to ask for, to beg, to demand, to wish for, to need, to ask to borrow (II,13); — a to ask of

pegar to beat, to join, to deceive (III,8), to hit; — un tiro to shoot

peligro *m.* risk, hazard, danger (II,9)

peligroso, -a perilous, dangerous

pena *f.* sorrow (Intro.), grief, concern, trouble, pain (II,9)

pendencia *f.* dispute, quarrel (II,12), feud, fighting (I,2)

pender to dangle, to depend, to hang (II,9)

pensamiento *m.* idea, thought (II,9), scheme, plan

pensar (e>ie) to think over, to consider (II,9), to imagine, to intend, to expect, to think (II,7); **sin —** unexpectedly, thoughtlessly; **— en** to think of

peor worse; **el —** the worst (I,2)

pequeño, -a young, small, little

perder (i>ie) to miss, to lose (II,9), to waste, to ruin, to squander; **— se** to be lost, to be ruined (III,2)

perdido lost; **— por** madly in love (I)

perdón *m.* forgiveness, pardon

perdonar to forgive, to pardon (III,9), to spare; **que — Dios** rest in peace (II,9)

perfeto, perfecto, -a complete, perfect (I,7)

perfil *m.* outline, profile, side view

perla *f.* pearl, something precious

permitir to let, to permit, to allow, to grant

pero but, yet, nevertheless

perro, -a *m.&f.* dog; **— del hortelano** dog in the manger (I,10); **el — del hortelano, que ni come las berzas ni las deja comer** the dog in the manger neither eats the cabbages nor allows anyone else to eat them

persona *f.* human being, individual, person (III,2), appearance

persuadido, -a convinced, persuaded (II,10)

persuadir to convince, to persuade, to influence

Perú Peru; **un —** a large sum of money

perulero, -a *m.&f.* a rich person, a nabob, one who has returned from Peru with a fortune (I,8)

pesado, -a weighty (II,3), tedious, tiresome, grievous

pesadumbre *f.* grief (I,2), heaviness, sorrow, displeasure; **dar —** to give grief, to trouble(II,13)

pesar *m.* regret, distress (III,7), sorrow, grief (II,9)

pesar to weigh, to distress(I,8), to grieve (I,2), to afflict

peso *m.* heaviness, weight (I,9)

petición *f.* petition, suit, demand, request

piadoso, -a merciful (I,2), compassionate, pious, devout, kind,

picador *m.* horse-trainer (I,2), jockey

pie *m.* foot; **pedir los —s** at your service (I,2); **sacar —s** to step back a few paces (III,7)

pierna *f.* leg (III,3), limb

pintar to picture, to paint, to describe

Pioche de la Vergne, Marie Madeleine (pen name **Madame de Lafayette**) (1634-1693) French author (Intro.)

pistola *f.* pistol (II,9)

placentero, -a pleasant (I,3), good-natured, joyful, merry

placer *m.* enjoyment, pleasure, delight

placer (1st person present indicative **plazco**) to please; **pluguiera a Dios** would to God (II,16) (in poetry the following alternate forms are common: **pluguiera** replaces the imperfect subjunctive **placiera**, **plegue**, or **plega** replaces the present subjunctive **plazca**, **plugieron** replaces the preterite **placieron**, **plugo** replaces the preterite **plació**, and **pluguiese** replaces the alternate imperfect subjunctive **placiese**); **plega a dios** (I,11) I swear to God

planeta *m.* planet

planta *f.* sole of the foot

plata *f.* silver, money

Platerías, las or **la Platería** in Madrid, a part of the Calle Mayor known for its silversmiths' shops (Intro.)

plática *f.* talk (I,7), conversation, chat, speech, address

platicar to talk (II,8), to chat, to converse

plato *m.* dish, plate; —**s de cena** courses (I,7)

plaza *f.* position (I,2), employment, place, town square

plebeyo, -a commoner (II,9), plebeian

plega *see* **placer**

pleito dispute (Intro.), contest, contention

plomo *m.* lead (II,9)

pluguiera *see* **placer**

pluma *f.* plume, pen (II,8), feather

poblado, -a populated, filled

poblar (o>ue) to people, to found, to populate

pobre needy, humble, poor

poco little, small, not much, few, some

poder (o>ue) to be able (II,14), to can, to act, to accomplish; *n.m.* power(II,9), might, authority, ability

polo *m.* magnet, guide, pole (I,3)

pomo *m.* scent bottle, flask (I,7)

poner (1ˢᵗ person present indicative **pongo**) to put (I,9), to set, to arrange, to place, to appoint, to join; — **fin a** to end, to finish; —**se** to become (III,3), to grow, to put on

pontificio -a pontifical (Intro.), papal

Poquelin, Jean Baptiste (pen name **Molière**) (1622-73) French writer

por by, through, for, as, on behalf of, between, because, inclined; — **mí** on my account, on my behalf

porfía *f.* argument, obstinance (II,16), stubbornness, insistence

porfiar to urge, to persist (III,1), to contend, to insist

porque because, for the reason that, in order that, as

portador *m.* carrier (II,1), bearer

portanuevas *m.&f.* gossip (I,8), talebearer

posible possible, feasible

postre *m.* dessert (I,7)

postrero, -a latter (I,2), last in order

Potosí a city in southwestern Bolivia at the foot of the Cerro Potosí, famous for its gold mines, often used as a synonym for riches (I,5)

preciar to price, to value (III,10), to appraise

preciarse to brag, to boast (III,3), to prize (II,16)

precioso, -a precious (II,16), valuable, excellent, beautiful

preciso, -a required, necessary (I,2), needful, accurate, exact

preeminencia *f.* prominence, mastery

pregonero *m.* town crier, herald (III,9), announcer

preguntar to question, to inquire (III,11), to ask (III,7)

premática *f.* decree, royal order (I,3)

premiar to reward in a positive or negative way (III,12), to pay back, to oppress (III,12)

premio *m.* prize, reward (II,9)

prenda *f.* token of love, pledge, person or thing greatly loved, dear one (III,12); —**s** accomplishments, good qualities (I,9)

prender to catch, to catch fire, to light (III,9), to break out

prensar to stamp (I,7), to press

preñado, -a pregnant (III,2); *n.m.* pregnancy (III,2)

presencia *f.* presence (III,12), build

preso *m.* prisoner (II,9); **preso, -a** irregular past participle of **prender**

prestar to borrow (II,13), to loan, to lend, to help

presto soon (I,6), quickly (I,7); **tan —** quickly (III,9)

presumir to take for granted, to presume (I,5), to suppose

presuponer (1ˢᵗ person present indicative **presupongo**) to presuppose, to estimate

presunción *f.* supposition, vanity, false importance (II,8), presumption (II,2)

presupuesto *m.* motive, pretext, assumption (I,3); **presupuesto, -a** irregular past participle of **presuponer**

pretender to claim, to seek a position (I,3), to try, to attempt, to desire (III,5), to pretend

pretendiente *m.&f.* candidate (Intro.), office-seeker (I,3)

pretensión *f.* proposal (I,10), plea (II,9), claim

prevención *f.* advice, caution (III,4), instruction, forethought, preoccupation

prevenido, -a prepared, careful, cautious, prudent (II,9)

prevenir (1ˢᵗ person present indicative **prevengo**) to advise, to prevent (I,2), to anticipate, to prepare (I,7); **—se** to be prepared, to be ready

priesa, prisa *f.* hurry, haste (Intro.); **dar —** to hurry up (I,10), to urge; **tan a —** so soon (I,9); **de —** in a hurry

primero, -a first (II,7)

primo, -a first, great, excellent *n.m.&f.* cousin(II,9)

principal upper class (II,1), noble, principal, head

principio *m.* start, appetizers, hors d'oeuvre (I,7); **dar —** to start off (II,9); **al —** at first

privilegiado-a privileged, favored (Intro.)

probanza *f.* proof (III,14), evidence

probar (o>ue) to try, to taste, to test (II,7), to prove (III,9)

proceder *m.* conduct, behavior (III,4), action

procurar to procure, to endeavor (I,3), to try (III,6), to seek (II,7), to manage, to get, to desire (II,7), **--ando que** so that (III,14)

profesión *f.* profession, calling, occupation

promesa *f.* promise (Intro.)

prometer to offer, to assure, to promise, to foretell; **—se** to expect

pronóstico *m.* prediction, omen (I,9), prophesy

pronunciar to pronounce, to utter, to deliver a speech

propio,-a; proprio, -a own (II,9), peculiar, belonging, convenient, same, exact, one's own, self (III,1); **— amor** self-esteem (III); **—nombre** Christian name

proponer (1ˢᵗ person present indicative **propongo**) to resolve, to propose, to represent, to state (III,7)

propósito *m.* plan, purpose, design, intention; **a —** appropriately (III,7), fitting, suitable; **de —** on purpose

proprio *see* **propio**

proseguir (1ˢᵗ person present indicative **prosigo**) to proceed, to pursue, to follow, to persist (III,4)

provecho *m.* use, profit (II,10), advantage (II,9), benefit (II,9)

provechoso, -a beneficial, profitable, useful(I,2)

prudencia *f.* moderation, prudence (II,5), temperance

prudente using sound judgement, discreet

prueba *f.* proof (Intro.), reason

publicar to print, to proclaim, to publish

público *m.* audience, public (II,11)

pueblo *m.* village (II,9), people, population

puerta *f.* entrance, door (II,9), gate

puerto *m.* port, harbor; **hallar** — to solve a problem (III)

pues therefore, well, since (I,5), then (II,7)

puesto *m.* space, spot, position, place, office; — **que** since (I,9), inasmuch as, although

pujanza *f.* strength, force (III,7), power, might

punta *f.* end, tip (III,7), point, corner of the eye, lace

punto *m.* point in time or space, instant, moment, chance; **al—** instantly (III,7), at once (I,10); **al — que** the moment (II,9); **por —s** from one moment to another, frequently (I,3); **hasta cierto —** to a certain extent; **en su —** ready; **en el mismo — que** the very moment

puñal *m.* dagger (III,9)

purga *f.* dose of medicine, purge (I,2)

puro, -a clear, free, absolute, genuine, pure, mere

purpúreo, -a purple, rosy pink (II,9)

Q

que who, whom, which, for, that

qué what, which, how; **por —** for what, why

quebrar to shatter, to break (III,2), to smash, to interrupt

quedar to stay, to stop in a place, to remain (I,2), to be (II,9), to stand; **—bien** to come off well, to make a good showing (III,7); **a Dios quedad** good-bye, God be with you (II,1); **—se** to remain behind, to stay on, to have (III,4); **— se con** to keep

quejoso, -a critical, complaining (I,4)

quemar to burn (I,3), to scorch

querer (e>ie) to desire, to wish, to be willing, to want, to insist, to love (II,8)

querido, -a beloved (III,6), dear

Quevedo, Francisco de (1580-1645) brillant Golden Age writer of poetry and prose (Intro.)

quien who, which, whoever, whichever; **de—** of whom (II,8)

quijada *f.* jawbone, jaw (I,3)

quinta *f.* country house, villa, farm, country (II,13)

quintilla *f.* five-line Spanish poetic form rhyming in consonance with a pattern such as **Abbab** (Intro.)

quitar to suppress (I,5), to take back (III,8), to remove (II,16), to release, to take off (II,9); **—se** to abstain, to refrain, to go away (III,9)

quizá perhaps (III,4), maybe

R

rabia *f.* fury, rage (III,7), anger

rabiar to seethe (I,7), to rage, to rave, to be furious

rabioso, -a mad (II,9), furious

racional reasonable, gentle (II,9), rational

rama *f.* bough, branch (I,7), twig

rato *m.* moment, short time, little while; **un —** for a while

rayo *m.* flash of lightning, thunderbolt, ray of light (III,6), beam

razón *f.* reason, argument, right (III,2), justice, motive, rate; **con—** rightly; **es — que** it is right that

real *m.* real- a former Spanish silver coin (Intro.)

real real, splendid, grand, royal (Intro.)

rebozar, rebosar to be plentiful, to run over (II,5), to overflow

recato *m.* wariness, caution (III,6), honor, modesty; **sin —** openly, recklessly (II,5)

recebir see **recibir**

recelar to doubt, to suspect (III,9), to mistrust

recibir to get, to accept, to face an attack, to parry a thrust in swordfighting, to receive; (III,2)

recién lately, recently

reciente recently acquired, recent, new, fresh

recogerse (1st person present indicative **recojo**) to withdraw, to take shelter, to come home (II,9), to retire

recompensa *f.* repayment, compensation (III,6), reward

recrear to entertain, to delight, to amuse

redondilla *f.* Spanish poetic form consisting of four eight-syllable lines rhyming **Abba**

reducir (1st person present indicative **reduzco**) to persuade, to induce, to reduce, to decrease, to lessen, to reduce

referir (e>ie) to refer, to relate, to report, to tell (II,15)

refrenar to restrain a horse, to refrain, to hold back (III,7), to hold in check

refrescar to cool off (III,10), to refresh, to renew

regalado, - a delicate, dainty, pleasant, sweet, delightful (II,9)

regalarse to entertain oneself (III,6), to take pleasure, to pamper oneself

región *f.* area, region, district

regla *f.* regulation, law, rule

reina *f.* queen

reino *m.* kingdom (II,2), reign, realm

reír (e>i) to laugh (I,2), to smile, to giggle; **—se de** to laugh at

relación *f.* report, account, narrative

reloj *m.* watch, clock, timepiece

relojero *m.* watch-maker (II,9), clock-maker

rematado, -a hopeless, utterly ruined, lost (I,8)

remediar to repair, to prevent, to mend, to correct (III,7), to help, to remedy

remedio *m.* cure, remedy (II,9), help, means, correction, loot (II,9); **dar —** to relieve pain or suffering (II,9); **ya no hay —** there is no help; **sin—** without fail

remitirse to refer to another's judgement (I,9), to defer (I,9), to submit (III,9), to quote

rendirse (e>i) to submit, to surrender, to yield (III,3)

renta *f.* profit, revenue, income (II,1)

reñir (e>i) to fight, to scold (I,2), to reprimand, to admonish (III,9)

repasar to pass by again, to re-examine, to re-read (III,6), to repeat

repente, de— suddenly, swiftly (I,7), unexpectedly, all at once, quickly (II,16)

repentino, -a sudden, unexpected, swift (I,2), abrupt

reportarse to control oneself, to hold back, to restrain yourself (I,11)

reprender to scold, to blame, to castigate (III,8)

resabio, *m.* unpleasant way, fault, bad

habit (I,2)

resistir to resist, to reject, to contradict, to refuse, to endure, to support, to bear (III,6)

resolver (o>ue) to resolve, to decide, to determine; —se (de or en) to decide, to make up one's mind, to resolve itself

respetar to honor, to respect

respeto *m.* consideration, respect (II,9), regard

respiración *f.* breathing, respiration, space for swordfighting; tapar la— to hold oneself back (III,7)

resplandecer (1st person present indicative resplandezco) to shine (I,3), to gleam, to glitter, to glow

resplandor *m.* splendor (I,3), brillance, brightness, radiance (I,3), gleam

responder to reply, to answer (II,9), to correspond to

respuesta *f.* response, report, reply (II,14), answer

resuelto, -a abrupt (I,8), bold, determined, quick, resolute

retirado, -a remote, distant, in seclusion (I,8), isolated, solitary

retirar to retreat, to retire, to withdraw; — se to retreat, to move back (III,1), to withdraw

retraerse (1st person present indicative retraigo) to take refuge, to withdraw (III,6), to flee, to draw back

revelar to disclose, to make known (III,3), to reveal

reventar (e>ie) to blow up, to burst (I,8), to explode (I,11), to crack, to break

revés *m.* backstroke, reverse, a reversing movement in swordfighting (III,7), thrust from left to right; al — the reverse, the opposite

revocar to recall, to repeal, to revoke (II,9)

rey *m.* king (II,1), monarch, sovereign

reyna see reina

ribera *f.* riverbank (I,7), shore, beach, riverside

rico, -a rich (II,9), wealthy

riesgo *m.* danger, hazard, risk

río *m.* river (I,11), stream

riqueza *f.* richness, wealth (I,8), abundance; información de — proof of wealth

robador *m.* thief (II,9), robber

robar to rob, to steal, to capture

Robles, Luisa de actress whose quick action saved the production of Alarcon's play *El Anticristo* (Intro.)

robusto, -a sturdy, tough, strong

rogar (o>ue) to request, to pray, to ask for (I,3), to beg

romano, -a Roman (I,7)

romper to smash, to tear (III,1), to break, to destroy, to wear out

rondar to patrol, to inspect, to frequent, to haunt (II,9)

rostro *m.* human face (I,3)

rubio, -a fair, blond, ruddy, golden (I,9)

rudo, -a simple, uncultured, rough, (III,3), rude, unpolished

rueda *f.* fireworks pinwheel (I,7), wheel, round

ruina *f.* fall, downfall, destruction, ruin

S

sabeo, -a Sabean, Arabian, of Saba-an ancient kingdom in southern Arabia-today the Yemen region (I,7)

saber (1st person present indicative sé) to know (I,10), to know about, to find out (II,13), to learn; — de to understand, to know something about; — a to taste like; **hacer** — to let know, to assure

sabio *m.* sage, wise (II,2), learned

sacar to take, to take out (III,9), to pull out, to get out of (III,9), to extract, to bring (II,11), to thrust; — **una espada** to release, to free; see **pie**

sacerdote *m.* priest (II,9), clergyman

sacrilegio *m.* sacrilege, violation of something sacred (II,9)

sagaz clever, keen perception, shrewd (I,2), far-seeing

sagrado, -a consecrated, safeguarded (III,7), haven, safe place, protection

sala *f.* drawing-room, hall, parlor

Salamanca a city in León, Western Central Spain (Intro.), also the location of a famous and ancient university

salida *f.* departure, going out, exit

salir (1st person present indicative **salgo**) to go out, to depart, to be issued (III,12), to leave, to come out (I,3); **sale el día** sunrise

salmo see **ensalmo**

salud *f.* wellbeing, prosperity, health (III,10), safety

salva *f.* salute of fire-arms (I,11), salvo- a discharge of small arms at the same time

sanar to cure, to restore, to heal (III,8), to get well

San Blas a district near Madrid which was a favorite site for duels, also the locaion of a hermitage or secluded retreat (II,3)

sangre *f.* family, blood (II,9), race, kindred

sangriento, -a bloody (II,9), cruel, blood thirsty

San Luis de Potosí great silver mine in Perú discovered in 1545

sano, -a healthy, well, safe, sound (III,8)

santo, -a holy (Intro.), saintly, blessed, virtuous

satisfacción *f.* repayment, apology, excuse, satisfaction

satisfacer (1st person present indicative **satisfago**) to pay in full, to complete, to please, to agree (III,7), to satisfy

satisfecho, -a contented, confident (II,11), satisfied

sauce *m.* willow tree (I,7)

sazón *f.* time, season, occasion, opportunity, flavor; **con** — comfortably (III,10); **a esta** — at this time, at this point

seco, -a withered, bare, dry (I,1)

secretario, -a confidant (III,7), secretary, clerk

secreto, -a private, hidden, secret (I,10); *n.* secrecy, caution, secret, concealment

sed (familiar plural command form of **ser**) be

sed *f.* thirst, drought, anxiety, eagerness

seglar *m.* worldly, secular, lay; **de** — in layman's clothing (I,7), not dressed as a clergyman or as a particular profession

Segovia city in northern Spain famous for its Roman aqueduct (Intro.)

seguir (e>i, 1st person present indicative **sigo**) to continue, to come after, to follow (I,3), to pursue

según judging by, according to (I,2), as (II,2), it depends

segundo, -a second

seguro *m.* certainty; **de** — surely

seguro, -a certain, sure, safe, assured, easy, constant

seis *m.* the number six

semana *f.* week (III,8)

semejante similar, of the same sort, like, resembling; *m.* fellow creature, likeness, resemblance (Intro.)

senado *m.* audience (III,14), senate, public, assembly

senda *f.* way, path (I,8)

sentencia *f.* verdict, judgement (II,9), sentence, decision (III,4), penalty

sentido, -a sensitive, sincere (III,6), deeply felt, conscious (I,8); *n.m.* reason, understanding, sense, consciousness

sentimiento *m.* feeling, grief, sentiment, resentment

sentir (e>ie) to be sorry for, to feel, to perceive, to form an opinion, to think (II,5), to regret (I,4), to hear (II,9), to understand

seña *f.* signal (I,7), indication, sign; —s signs, description

señal *f.* signal, sign (III,1), indication, trace

señor *m.* sir, master, owner, lord, Mr.; **nuestro Señor** our Lord

señora *f.* lady (II,8), owner, madam, gentlewoman (I,3)

ser to be, to exist, to belong (II,16), to happen (II,3); **si es que** if it is such that; **o sea** or, that is; *n.m.* being (III,4)

serio, -a serious, grave, important

servicio *m.* help, servants, service (III,8)

servilleta *f.* table napkin (I,7)

servir (e>i) to be a servant, to serve (I,1), to be employed, to wait at table, to be of use, to accompany (I,9); **para — os** at your service; **para — a Ud.** at your service; **— se** to be pleased, to be kind enough to, to grant

seso *m.* sense (I,9), wisdom, understanding, talent, brain (III,7)

severo,-a stern, severe (III,7), rigorous, harsh

sexto, -a sixth

Shakespeare, William (1564-1616) English poet and dramatist (Intro.)

sí yes, indeed, certainly; **si** if, since (I,2), unless (I,3)

sí himself, herself, itself; **— mismo** himself (Intro.); **entre —** to himself, herself, themselves; **volver en —** to regain consciousness

siempre always (Intro.), ever, at all times; **— que** every time, each time, whenever

sierra *f.* mountain-range

siesta *f.* after dinner nap (II,8)

siete *m.* the number seven

siglo *m.* century, age, very long time; —s of old

Siglo de oro *m.* Golden Age of Spain, approximately 1530-1680 (Intro.)

signo *m.* sign, mark, sign of the zodiac, fate

siguiente following, next

sin without, besides

sino if not, but (II,16), except (III,3), besides

siquiera though, although, at least (I,8), even (I,8)

sitio *m.* position, place (III,7), spot, location

soberano, -a superior, splendid (I,10), supreme (II,16), royal

sobrado *m.* surplus, spare (II,16), leftover, extra

sofrenada *f.* severe reprimand (II,9), scolding

sol *m.* sun (II,9), sunlight, day, lovely, — es orbs-referring to the eyes (II,9)

soledad *f.* loneliness, solitude (II,9), seclusion

soler (o>ue) to apt to be (I,6), to be accustomed (I,3), to do usually

solicitar to ask for, to request, to urge, to demand, to seek (II,9)

solo, -a sole, alone, single, only, lonely; **a —as** alone, by oneself (II,3), to himself (II,3)

sólo only (I,2), solely, merely

soltero, -a *m.&f.* unmarried man, unmarried woman, bachelor (II,16)

sombra *f.* darkness, shadow (I,7), shade, shelter

sonar (o>ue) to ring, to make a noise, to sound (I,7)

sonido *m.* noise, sound

soñar (o>ue) to desire, to dream (II,8)

sospecha *f.* mistrust, suspicion (I,7)

sospechar to mistrust, to be suspicious, to suspect (III,3)

sospechoso, -a suspected, suspicious (Intro.), doubtful

Sotillo a grove outside Madrid by the river Manzanares, a favorite place for picnics during Alarcon's time (I,7)

soto *m.* thicket, grove (I,7)

su (s) his, her, its, your, their

suave gentle, sweet, smooth, soft, delicate

suavidad *f.* softness, smoothness, sweetness (I,7), gentleness; **con —** gently, sweetly

subir to climb, to go up, to rise, to mount; **— a** to go up, to get on

súbito hasty, unexpected, sudden (II,9)

substancia *f.* essence, substance, being

suceder to take place, to happen (I,4), to come about; *n.m.* event

suceso *m.* affair, happening, incident (I,2), event (III,7), outcome (III,3); **mal—** bad luck, trouble

sucesor *m.* heir (III,2), successor

sudar to sweat (Intro.), to perpspire

sudor *m.* sweat, perspiration, labor, gum

distilled from a type of tree, resin (I,7)

suegro, -a *m.&f.* father-in-law (III,2), mother-in-law

suelo *m.* surface (I,3), soil (I,5), floor, ground

sueño *m.* dream (Intro.)

suerte *f.* fortune, luck (I,1), destiny, sort, way (III,1), manner, chance, lot; **de tal —** in such a way (II,9), so that; **de — que** so that, to such a point; **de esa—** so, in that way (I,11); **— dichosa** Blessed luck (II,1); **mi —** my fate; **de —** so (III,1)

sufrir to endure, to suffer, to bear up, to put up with

sujeto *m.* person (II,1), subject, individual

sulfúreo, -a sulphurous; **— as luces** fireworks

supuesto, -a supposed; **— que** since (I,2), granting that; **por —** of course

sur *m.* south

suspender to stop, to suspend, to delay; **— se** to amaze (I,7), to surprise

suspenso, -a puzzled, in suspense (II,9), bewildered

suspirar to long for (I,3), to desire greatly, to sigh

sutil subtle (II,5), light, delicate, thin

sutileza *f.* subtlety (II,9), thinness, dexterity

suyo, -a his, her, its, yours, theirs

T

taimado, -a crafty, sly (I,3), clever; **la —** the sly woman (III,6)

tal such (II,6), such a, as so; **¿hay —?** is there such a thing? is it possible?; **con — que** on the condition that; **tal vez** perhaps (III,4)

talle *m.* shape, size, figure (I,10), form

talludo, -a overgrown (Intro.)

también also, too, likewise, as well, besides

tampoco neither, not either

tan so (II,7), so much, as much, as well

tanto so much (II,8), so great, as great; **otros —s** as many more (I,7); **en — que** while (II,9), until; **entre —** in the meantime (II,9)

tapada *f.* veiled woman (III,6)

tapar to cover, to close (I,8), to hide, to veil (III,6); see **respiración**

tardar to be late, to take time, to delay, to put off; **— se** to be delayed, to delay, to linger; **no —** to be quick

tarde *f.* afternoon (II,9), early evening *adv.* late (II,8), too late

Tarquino Tarquin, Etruscan king of Rome (534?-510? B.C.) (III,3)

Taxco silver mining city in the state of Guerrero, Mexico; home of Juan Ruíz de Alarcón (Intro.)

taza *f.* cup (I,7), bowl

Teatro Español a modern theater which stands on the same location as the Golden Age **Corral del Príncipe**, in the Plaza de Santa Ana in Madrid (Intro.)

tejedor -a *m.&f.* weaver (Intro.)

temblar (e>ie) to shake, to shiver, to tremble (I,10); **— a** to be afraid of

temer to dread, to suspect, to doubt, to fear

temor *m.* dread, fear (II,9), suspicion

templar to temper, to calm down, to moderate (III,10), to soften

templo *m.* temple, church, sanctuary

temprano, -a premature, soon, early; *adv.* early

tener (1ˢᵗ person present indicative **tengo**, e>ie) to have, to possess, to own, to

keep, to contain; **-se** to hold fast (I,9); **— por** to consider (I,9)

tentar (e>ie) to provoke, to tempt (I,8), to try, to touch, to examine

tercero, -a third person, messenger, mediator, go between (II,9) *adj.* third

terceto *m.* Spanish poetic form consisting of three-lines which rhyme in consonance with a pattern such as **ABA, BCB,CDC,** or **DED** (Intro.)

tercio, -a third part, **dos —s** two thirds (III,7)

Teresa de Jesús, Santa (1515-1582) Spanish Carmelite nun, poet and mystic known as **Teresa de Ávila** (Intro.)

término *m.* end, finish, term, time, period of time (II,5), boundary

terrible terrible, horrible, awful

testigo *m.* testimony, proof, witness (III,7)

tibieza *f.* lukewarm ones (I,8), coolness, tepidness

tiempo *m.* weather, time (II,5); **el — que** when, while (I, 3) ; **a — que** at the time that, while; **a —** on time (II,13)

tienda *f.* pavilion (I,7), shop, tent, stall

tierno, -a tender (I,2), inexperienced (I,3), soft, delicate, affectionate, mild

tierra *f.* earth, land, country

timón *m.* helm (I,2), rudder

tiniebla *f.* obscurity, gloom, darkness (I,7)

tío, -a *m.&f.* uncle, aunt

tirar to toss, to fling, to shoot (I,3), to pull, to draw, to fire, to throw (III,7); **— tirar de la espada** to draw the sword; **— una punta** to deliver a sword thrust (III,7)

tiros sword-belt, straps (II,9)

Tirso de Molina (Fray Gabriel Téllez) (1571-1648) Spanish playwright who introduced the don Juan character

(Intro.)

título *m.* title, qualification, quality, rank of nobility (II,9)

tocar to feel, to be one's turn, to belong, to knock, to touch (I,4)

todo, -a entire, whole, complete, all, everything; **y —** also, too, and everything; **con — eso (esto, aquello)** in spite of this, nevertheless

tomar to get, to take (II,8), to have, to accept, to choose, to assume

topar to bump into (I,3), to find, to collide, to run across, to strike (III,7); **—se con** to fight

tormento *m.* torture, torment, anguish, worry, pain

tornar to restore, to make restitution, to return (II,9), to repeat

Tormes the river in north central Spain on which Salamanca is located (II,9)

Toro Taurus, the second sign of the zodiac (I,3)

toro *m.* bull (III,6)

torpe dull, slow, heavy, disgraceful, infamous, obscene (III,6)

traer (1st person present indicative **traigo**) to bring over, to bring (III,2), to carry, to wear, to lead

traidor -a *m.&f.* traitor, traitress (III,6)

traje *m.* dress, outfit (I,7), clothes, habit, costume, suit

transformar to change (III,6), to convert into, to transform

tras behind, beyond, besides, after (I,7); **ir — to** follow, to chase after

trasnochar to stay up all night (I,11), to spend the night

tratar to discuss (II,4), to talk about, to talk (I,11) to arrange (II,8), to consider, to treat, to be acquainted with (III,6), to touch upon (III,7); **— de** to

deal with, to try to; **—se de** to be a question of

tratado *m.* arrangement (I,9)

trato *m.* treatment, conduct (I,2), behavior

travesura *f.* trick, prank, mischief (I,2)

traza *f.* outline, sketch, plot, plan, scheme (I,10)

trazar to trace, to plan out, to scheme, to invent, to devise

trecientos, trescientos, -as the number three hundred (II,16)

treinta *m.* the number thirty

tres *m.* the number three

treta *f.* thrust in fencing, pretended attack, trick, artifice

triste sorrowful, sad (II,6), mournful, gloomy

trobar see **trovar**

trocar (o>ue) to barter, to substitute to exchange (I,7) **—se** to change (II,9), to get mixed up

tronco *m.* trunk of a tree (I,2), log, stem

tronido *m.* thunderclap, loud report, loud noise (II,9)

trovar to find; to put together, to think out; **tan bien trovadas (trobadas)** so well thought out, so well fashioned (III,8)

Troya Troy, ancient Phrygian city in Asia Minor near the Aegean Sea, site of the Trojan War ¡aquí fue **—** ! now there is nothing but ruins (III,7)

troyano, -a Trojan such as Aeneas (III,3)

trucos *m.* a game called trucks, billiards, pool (II,4)

turbado, -a disturbed, alarmed (II,9), surprised

Turquía Turkey-a country which occupies Asia Minor and a part of the Balkan Peninsula, bordered by the Mediterranean Sea, the Black Sea, Georgia, Armenia, Iraq, Iran, and Syria (II,16)

tusón *m.* sheep's fleece; the Golden Fleece- a chivalric order which still exists today

tusona *f.* courtesan, prostitute (I,3)

tuyo, -a yours

U

umbral *m.* doorway, beginning, threshold (II,9)

un (-a,-os,-as) a, an, some

uno *m.* the number one

usar to wear, to make use of, to enjoy, to practice, to use; —se to be habitual, to be accustomed to

usted (Ud.,Vd.) you (formal or polite address)

unión *f.* union, unity, harmony

uso *m.* service, practice, experience, custom, use

útil profitable, serviceable, convenient, useful

V

vajilla *f.* set of dishes (I,11), table-service, china

valer (1st person present indicative **valgo**) to be worth (I,5), to be able, to defend, to protect, to serve, to help (III,9) ; — se de to make use of (II,8), to take advantage of; ¡**Válgame Dios!** Bless me! (I,4), Good heavens! (I,4); ¡**Válgate Dios!** Heaven bless you!

valido, -a worthwhile (I,2), favored, strong, accepted, believed in

valiente brave (II,12), spirited, gallant, valiant

valona *f.* a large linen or lace collar with a deeply indented edge, the fashion in

the 1600s (I,3)

valoncilla *f.* a diminutive form of **valona** (I,3)

valor *m.* courage, value, worth (I,4), power, influence, integrity (I,2)

vano, -a empty, shallow, useless, vain (I,3)

vara *f.* twig, pole, switch, branch stripped of its leaves (I,2), prod (I,2)

variado, -a varigated, mixed, many-colored

variedad *f.* diversity, assortment, variety (II,13)

vario, -a varying, different, varied (I,3); —s some, several

varón *m.* male (II,9); **hijo** — male child, son; **nieto** — grandson (III,2)

vecino *m.* neighbor (II,4), inhabitant, citizen

vedar to hinder, to obstruct, to forbid (III,4), to prohibit

Vega, Garcilaso de la (1503- 1536) Spanish poet born in Toledo (Intro.)

Vega y Carpio, Félix Lope de (1562-1635) Spanish playwright born in Madrid (Intro.)

veinte *m.* the number twenty

vejez *f.* old age (II,6)

velo *m.* light covering, veil (III,6), cloak

vena *f.* vein (III,14), blood vessel, mood, disposition

vencer (1st person present indicative **venzo**) to defeat, to overcome (I,7), to outdo, to conquer

vender to sell, to betray

venganza *f.* revenge (II,9), vengeance (Intro.)

vengar to revenge, to avenge (II,9)

venida *f.* arrival, return, coming

venir (1st person present indicative **vengo**, e>ie) to come (I, 2), to arrive, to decide, to be (III,7), to assent, to yield (II,9)

ventaja *f.* profit, gain, advantage (III,7), odds in a bet

ventana *f.* window

ventura *f.* happiness, luck (I,4), fortune, chance (Intro.); **por—** fortunately (III,6), by chance (I,10)

venturoso, -a lucky (I,4), successful, happy (II,9), fortunate

ver (1st person present indicative **veo**) to look at, to see (I,7), to observe, to consider (II,2); **tener que —** to have to; **echar de —** to notice, to see, to realize

veras truth, reality **de—** really, indeed, truthfully (I,8); **las veras** truth, reality, hard facts, serious things

verdad *f.* sincerity, truth (Intro), reality

verdaderamente indeed, truly, truthfully

verdadero, -a true (II,8), sincere, truthful (III,6), real

verde green

veredes = veréis (second person plural future indicative of **ver**) you will see

vergüenza *f.* modesty, shyness, shame (II,16)

vero, -a true, real; **—** **as** serious matters (II,16)

vestir (e>i) to wear, to dress, to clothe, to put on, to cover up, to sheathe (II,12); **—se** to dress oneself, to get dressed; **vestidos de noche** dressed in evening clothes (II,14)

vez *f.* instance, time (II,16), occasion; **una —** once; **cada —** every moment; **alguna —** ever; **— otra** again (II,16)

vía = veía (ver) (first or third person singular imperfect indicative) I saw; he, she it, you (Ud.) saw (I,3)

vianda *f.* food, fare; **—** **s** food of various kinds, entrees (I,7)

vicio *m.* defect, bad habit, vice (I,2)

victoria *f.* victory, triumph (I,4)

Victoria the name of a convent in old Madrid (I,6)

victorioso, -a conquering, triumphant, victorious (II,11)

vida *f.* living, livelihood, existence, life (Intro.)

vidrio *m.* glass

viejo, -a old, aged; *n.m.&f.* old man (II,10), old gentleman, old woman

viento *m.* air, gale, breeze, wind (I,10)

vihuela *f.* an early form of the guitar; **— de arco** rebeck-a pear shaped musical instrument played with a bow

vil despicable, mean, vile (III,9)

Virgilio Virgil a name for Publius Vergilius Maro (70-19 B.C.) Roman poet and author of the *Aeneid* (III,3)

Virgo Virgo, the sixth sign of the zodiac

virtud *f.* strength, worth, virtue (I,2), power

virtuoso, -a pure, just, virtuous (II,1)

visita *f.* call, visit (II,13), visitor, caller, guest

visitar to visit, to pay a visit, to call upon, to inquire

vista *f.* outlook, seeing, landscape, sight, view **con —s a un jardín** with a garden view

viudo, -a *m.&f.* widower (II,1), widow

vivir to live, to enjoy life (I,2), to experience; **— bien** to be prosperous

vivo, -a lively, clever, alive, living

voime = voyme (ir) (I,11)

volante swift, unsettled, flying (II,9); **orbe —** meteor, shooting star

volar (o>ue) to run, to race, to fly (I,2), to soar, to rise up in the air

volcán *m.* volcano (I,11), great passion

voluntad *f.* liking, desire, will (I,2), good will (III,6), free will, pleasure

volver (o>ue) to go, to turn (II,9), to turn back, to return, to turn away, to change, to resume (I,11); —**se** to return, to turn around, to become; — **loco** to drive insane (III,3); — **a** to do something again (III,6)

vos you (II,1)

votar to swear, to vow, to vote, to give an opinion; **voto a Dios** I swear to God (I,7)

voto *m.* oath, vote (III,4), vow

voz *f.* shout, rumor, voice (II,2) *pl.* **voces**; **a** — in a loud voice

vuestro, -a your (II,2), yours

Y

y and

ya already, presently, now, finally (II,9); — **que** since (I,2), seeing that

yelo, see **hielo** (II,9)

yendo (present participle of **ir**) going

yerba, hierba *f.* grass (I,8), weed, herb

yerro *m.* mistake, error, fault (II,9)

yerro (1st person present indicative **errar**) I mistake; **se yerra** is wrong (II,16)

Z

zaguán *m.* entrance, porch, hall (II,7)

Zayas y Sotomayor, María (1590-1661?) Golden Age writer who published a series of **novelas cortesanas** (Intro.)

CPSIA information can be obtained
at www.ICGtesting.com
Printed in the USA
LVHW041547241019
635237LV00003B/342/P

9 781589 770058